从上大一路攀登

——上海大学毕业生就业攀登奖
精选案例集(2021—2022)

主　编　陆　瑾
副主编　贺　利　侯文婷

上海大学出版社
·上海·

图书在版编目(CIP)数据

从上大一路攀登：上海大学毕业生就业攀登奖精选案例集：2021—2022/陆瑾主编. —上海：上海大学出版社,2023.8
ISBN 978-7-5671-4786-7

Ⅰ.①从… Ⅱ.①陆… Ⅲ.①大学生-就业-案例-汇编-上海-2021-2022 Ⅳ.①G647.38

中国国家版本馆 CIP 数据核字(2023)第 148868 号

责任编辑　刘　强
封面设计　柯国富
技术编辑　金　鑫　钱宇坤

从上大一路攀登
——上海大学毕业生就业攀登奖精选案例集(2021—2022)

主编　陆　瑾　副主编　贺　利　侯文婷

上海大学出版社出版发行
(上海市上大路 99 号　邮政编码 200444)
(https://www.shupress.cn　发行热线 021-66135112)
出版人　戴骏豪

*

南京展望文化发展有限公司排版
江苏凤凰数码印务有限公司印刷　各地新华书店经销
开本 710mm×1000mm　1/16　印张 16　字数 200 千字
2023 年 9 月第 1 版　2023 年 9 月第 1 次印刷
ISBN 978-7-5671-4786-7/G·3534　定价　78.00 元

版权所有　侵权必究
如发现本书有印装质量问题请与印刷厂质量科联系
联系电话：025-57718474

前言
FOREWORD

立足新时代新征程新伟业,习近平总书记围绕"培养社会主义建设者和接班人"作出一系列重要论述,对"为谁培养人、培养什么人、怎样培养人"这一教育的根本问题提出了许多新论断、新观点、新要求。党的二十大报告再次明确提出:"育人的根本在于立德。全面贯彻党的教育方针,落实立德树人根本任务,培养德智体美劳全面发展的社会主义建设者和接班人。"在迈进第二个百年奋斗目标新征程过程中,回答好教育的"新时代三问",是高校担负的重要时代责任和光荣历史使命。

作为中国共产党主导创办并实际领导的第一所正规大学,建校初期上海大学就以"养成建国人才,促进文化事业"为办学宗旨;今日之上大,更以"养成强国济世人才,促进社会文明进步"为使命、以"自强不息、道济天下"为校训、以"先天下之忧而忧,后天下之乐而乐"为价值追求。上海大学始终坚守"为党育人,为国育才"的初心使命,全面落实立德树人根本任务,引领学生将个人的成才梦想同国家命运和社会发展紧密相连,培养全面发展的卓越创新人才,造就堪当民族复兴重任的时代新人。

为积极贯彻落实科教兴国战略、人才强国战略和创新驱动发展战略,学校以培育和践行社会主义核心价值观为引领,以服务国家战略地方发展、服务基层社会治理为导向,着力优化"生涯领航、就业攀登"生涯教育和就业指导体系,不断强化就业价值引领,全力促进毕业生更高质量充分就业,并于2021年正式设立毕业生就业"攀登奖"荣誉称号,积极引导毕业生把个人的理想追求融入党和国家事业之中,鼓励毕业生到重点地区、重要产业、重点项目建功立业。

在纪念建校100周年活动承上启下的重要节点,我们从这两年就业"攀登奖"获得者的故事中精选了66篇汇编成《从上大一路攀登——上海大学毕业生就业攀登奖精选案例集(2021—2022)》。毕业生们的成长路径与未来发展各有特色,他们中有的脚踩黄泥扎根基层,争做群众的服务员;有的赤诚报国躬耕科研,志在国家重点行业领域;有的步履不停敢拼敢闯,选准赛道创业创新;有的携笔从戎建功军营,经历部队磨砺投身各行各业……他们以实际行动赓续红色基因、讲述上大故事、传播上大声音、传扬上大精神。虽然篇幅有限、文字朴实,但都是上大学子在毕业之际面临人生重要选择时的所思所想、所感所悟。面对方向选择,他们大胆探索、多元实践;面对难题挑战,他们勤学实干、力行肯练;面对理想追求,他们抱诚守真、挺膺担当。文中不乏一些具体实用的求职方法与经验,可以帮助在校学生获得启迪,规划自己的未来职业生涯选择与发展之路。

希望上大学子以建校百年为新起点,以"上善若水、海纳百川、大道明德、学用济世"的大学精神自省、自强、自律、自立,用奋斗与智慧、责任与担当为建设世界一流、特色鲜明的综合性研究型大学,为上海加快建设具有世界影响力的社会主义现代化国际大都市,为全面建设社会主义现代化国家、实现第二个百年奋斗目标贡献青春力量,谱写时代华章!

毕业生就业"攀登奖"的设立与评选得到了学校党委高度重视,

各相关职能部门全力协同,各毕业生培养单位广泛宣传、严格遴选,两届评选共计211人获奖。本书编撰过程中,编写组精心策划布局,各位获奖毕业生真诚分享自我认知、圆梦道路和抉择经验,张欣、张隽茂、黄珍旎三位老师认真负责文稿的挑选、校订工作,齐心协力成就了本书的出版,在此一并向大家表示真挚的谢意!

本书编写组
2023年2月

目录

第一章 明确职业规划自强不息

将自己抛向市场,在实践中提升自我 …………… 龙小红/3

在碰壁中不断历练、成就自我 …………………… 李凌帆/6

实践经验将成为我们开启职业生涯的敲门砖 …… 刘晓雅/9

踏出第一步,沉住气准备 ………………………… 李富迪/13

不受限于专业,不能闭门造车 …………………… 李思阳/16

勇于试错,能够试错,敢于试错 ………………… 兰自轩/20

循序渐进,打牢基础 ……………………………… 陈 松/23

清晰职业规划,充分面试实战 …………………… 张晓珂/26

宜未雨而绸缪,毋临渴而掘井 …………………… 宋柳蓉/29

头上朗月,明灯一盏,何惧无路往返 …………… 张密密/32

积累丰富实习经历,遇到困难调整心态 ………… 李文琪/35

厚积薄发,复盘内省 ……………………………… 唐一航/38

利刃出鞘,精准锁定目标 ………………………… 高锦文/41

参军入伍磨炼,养成责任意识 …………………… 冯 鑫/45

第二章　综合发展练就过硬本领

响应时代呼唤，担负时代使命 …………………………… 吴祺瑞/51

破茧而出，化蝶飞舞 ……………………………………… 张亚宁/54

相信自己所坚持的，才是属于自己的正确道路 ………… 唐苏雯/57

梦想是注定孤独的旅程 …………………………………… 杨　鹏/60

全面发展，用爱守护母校 ………………………………… 姚欣雨/63

夯实就业基础，扩宽信息渠道 …………………………… 柳　杰/66

及早明确职业发展方向，顺利过渡步入职场 …………… 黄　涛/71

早、快、实、新——成功的四字秘诀 …………………… 别佳瑛/74

心若有所向往，何惧道阻且长 …………………………… 邹文辉/79

行可为之事，做有为青年 ………………………………… 刘　琰/82

找准定位，展翅高飞 ……………………………………… 张　盼/86

勇挑重担，逐梦前行 ……………………………………… 杨牧原/89

乌鸦反哺，常怀感恩之心 ………………………………… 岳　丽/93

夯实专业基础，传播优质内容 …………………………… 张　玮/96

明确方向，学有所用 ……………………………………… 周志鹏/100

第三章　基层就业助力乡村振兴

当好家乡铁路线上的一颗螺丝钉 ………………………… 何　琛/105

用青春助力祖国航空事业的腾飞 ………………………… 阮家苗/108

一片赤诚扎根基层，致力坚守服务群众 ………………… 李孜旭/111

立志成为用专业守护母亲河的英雄 ……………………… 郭瑞琳/115

漫漫长路终回转，争做时代新青年 ……………………… 李明明/118

冲破艰险洞悉所有，开阔视野贴近生活 ………………… 徐高阳/122

第四章 青春之花绽放西部大地

无怨无悔做知行合一的践行者 …………………… 姚家明 / 127
赓续红色基因,助力乡村振兴 ……………………… 何书法 / 130
退伍不褪色,让青春之我在西部绽放 ……………… 王　泰 / 133
用一年不长的时间,做一件终生难忘的事 ………… 杨洪鑫 / 136
走出大山,回到大山 ………………………………… 陈文兵 / 139
到祖国最需要的地方去 ……………………………… 沙琦麟 / 142
听从内心选择,参与家乡建设 ……………………… 闻　雯 / 145
以青春风貌展专业风采,做新时代的攀登者和追梦者 …… 伏春鹏 / 148
远离繁华都市也会有不一样的精彩人生 …………… 李　宁 / 153
投身西部建设,参与国家芯片行业发展 …………… 伏文辉 / 156
爱国情怀选择行业,国防科工助力复兴 …………… 李　航 / 159
以信息化手段解实际痛点,为铁路事业建设添砖加瓦 …… 莫伟程 / 164
跳好第一支舞,做最美逆行者 ……………………… 熊　芳 / 167
聚焦缺项补短板,通盘考虑做抉择 ………………… 袁小雅 / 171
常学常新加强理论修养,知行合一主动担当作为 ……… 张祖耀 / 176
早立规划,锲而不舍 ………………………………… 陈月缘 / 179
到西部基层去沉淀磨砺,一路清风朗月自会相随 …… 吕月弈 / 183

第五章 使命担当服务国家战略

以青春之力共赴星辰大海 …………………………… 黄　川 / 189
眼中有山河,手中有本领,做与时代同向同行的追梦人 …… 于浩波 / 193
心有所信,方能行远 ………………………………… 华旻磊 / 196
迎难而上做一名在基层发光发热的担当者 ………… 罗　芮 / 200
肩负时代重任,彰显青年担当 ……………………… 宋泽君 / 203

吾辈当自强,不负少年华	徐　嘉/206
创造有质量的音乐,传播动人音乐审美	王晨璐/209
心怀航海梦,践行赤子心	蔡锦钊/213
深耕自身专业领域,弘扬航空报国精神	徐挺越/216
潜心科研,矢志报国	丁岩汀/219
让视野更宽广,与祖国同脉动	陈　琛/222
从科研萌芽到实践研发	方　欢/226
早提前体验,多尝试探索	罗　艺/230
热爱漫无边际,尝试出现惊奇	柴玉平/233

附录1　2021年上海大学毕业生就业"攀登奖"获奖名单 ……………… 237

附录2　2022年上海大学毕业生就业"攀登奖"获奖名单 ……………… 242

第一章

明确职业规划自强不息

将自己抛向市场,在实践中提升自我

图书情报档案系 2021 届本科毕业生　龙小红

毕业去向:摩恩(上海)厨卫有限公司

一、成长经历

曾任图书情报档案系文体部部长、班委等职,任职期间策划大型文艺晚会和组织同学参与校运会等。实践项目方面,曾任本科生联合大作业——"讲好中国丝绸故事,推广世界记忆工程"和校级创新项目的负责人;志愿服务方面,曾参与"挑战杯"、无偿献血、疫苗服务等志愿活动。

在实习和就业方面我一直对自己都有清醒的认知,并且也十分注重对自己求职能力的培养。我们最终都要走向工作岗位,因此在宝贵的大学时光里掌握一些基础的求职技能对每一名同学来说都非常重要。所以大二时我通过每周一次共八次的求职课程研习、讨论以及模拟演练,对简历制作、面试技能以及 HR 工作等都有了初步了解,也逐步建立起自己的职业意识。

除了学习基本的求职课程之外,我还将自己抛向市场,进行实践,接受社会的检验。自大二起,我利用自己的空余时间去一些单位实习,培养自己的工作技能。我曾进入快消公司优衣库总部担任运营实习生一职。通过在优衣库的实习,我掌握了一些店铺运营、与人沟通以及数据分析的知识,也找到了自己感兴趣的工作——运营。

二、方向选择

我的整个求职过程都比较顺利,花了不到20天的时间就确认了自己的校招offer。这种顺利既有运气的成分,更是我平日里培养求职意识和积极投入校招的结果。

在今年的春招中我也不停地参与招聘会和面试,积极地向HR和面试官展现自己,甚至一天之中参与三次面试都是常事。在不断的选择与被选择中,我最后选定了摩恩(上海)厨卫有限公司的电商运营管培生。选择电商运营作为我的职业主要有以下两点原因:其一,因为我家乡的水果、蔬菜农业基地,产品只能以传统线下售卖的方式低价售卖,农民的收入非常低。我希望进入电商行业学习电商的运营模式,有朝一日能返乡创业,改变当地贫困的现状。而且抱着创业的思想去选择工作,会使人更有激情地投入工作,给人带来的成长也会加倍。其二,在互联网发展的时代,人们的消费习惯正在转型和升级,电商是一个站在赛道风口的行业,发展前景广阔。摩恩作为全球知名度比较高的卫浴品牌,其电商部已经成立十年有余,在京东、天猫等各大平台都有成熟的电商团队,加入这样一个优秀的集体,一定也能让我变得更加优秀。

三、经验分享

在择业上,要时刻保持就业敏感,求职规划要趁早想。本科毕业就立马就业的同学,更应该在大一、大二就着手准备。大一、大二可以多了解一些简历制作、求职面试的技巧。现在网络很发达,与其整天抱着手机打游戏、刷视频,不如花一点时间了解一下就业信息。其实学校也为我们搭建了很多了解就业信息的渠道。作为过来人,我想说:

第一,尽早学习如何写出优秀的简历。简历是工作的敲门砖,建议同学们平时可以多学习一下如何制作优秀的简历。可以每个学期或者每一年都给自己制作一份简历,然后比较不同时间段自己的经历和能力上的成长。如果觉得自己的简历还不够优秀,那就去拟定下一步的行动计划,不断优化自己的简历。

第二,多进行高质量的实习。实习是我们职业能力的证明,从某种程度上来说它代表了我们的工作基础,高质量和高相关度的实习或经历对校招非常重要。企业的用工成本很高,因此对求职者的岗位匹配度非常关心。如果没有一些相关的经历,可能我们连面试机会都没有,用人单位更倾向于招聘有类似经验的求职者。实习不仅对求职有用,它还能让我们不断地了解自己,帮助我们找到自己感兴趣的工作。同时实习也是一种试错,能让我们积累经验和教训,从而帮助我们更好地适应职场生活。同学们可以趁着寒、暑假或者空闲时间比较多的时候尽快去寻找一份高质量的实习,只要每周抽出三四天时间并且能够持续一个月以上就可以去尝试实习。

第三,多认识一些优秀的人,将自己的格局放大。"近朱者赤,近墨者黑",和优秀的人相处,也会让我们变得更加优秀。多结交一些优秀的、比我们有经验的朋友,可以让我们了解到更多自我认知以外的信息。例如可以求助于比我们早踏入社会的学长、学姐等。不管是在实习还是正式找工作的过程中,我都咨询过一些比自己有经验的朋友,比如帮我完善一下简历、帮我分析一下我想从事的职业方向的发展前景等。很多时候,在和他们的交流中我感到自己的眼界也慢慢开阔了。

在碰壁中不断历练、成就自我

文学院 2021 届本科毕业生　李凌帆

毕业去向：上海能源建设集团公司

一、成长经历

攀登不止，奋斗不息。我以高出一本线 50 分的成绩考入上海大学，就读理工专业。少年的意气风发和不谙世事让我一踏入上海就被丰富的文化生活吸引，放松了对自身的要求。结果成长路途顺风顺水的我终于在通信工程相关专业课程的学习中碰了壁。当时我毫不犹豫地选择了通信工程专业，只是因为这是上海大学入学门槛最高的专业。但是习惯优秀的我却在愈发高深的知识和愈发紧凑的学习生活中陷入了迷茫和自我怀疑，自我管理能力的劣势逐渐凸显。在读期间，我毅然决定参军入伍，一方面是为了圆自己儿时的军装梦；另一方面，则是为了磨砺自己，改掉自身陋习，强化自我管理能力。

我带着明确的目标来到部队，在接受部队训练，提高个人身体素质的同时，还充分发挥自身特长，积极参加演讲、朗诵、歌咏等文化活动。我还担任副班长、文书等部队职位，用自己的力量服务部队战友，为部队建设发展尽自身绵薄之力。我因此还获得了包括"训练标兵""优秀士兵"等多项荣誉。2016 年，军队经历体制编制调整改革，我有幸亲身经历这场强军变革，多次参加部队转隶、转移工作，筹备、参与了数次重要领导人的空勤保障任务、大规模野外军事演习任务。我在挥洒汗水的同时充分锻炼了自身体魄和品质，还结识了许多优秀的战友兄弟。

同时，在部队生活中，我接触到了很多关于中国共产党和人民军队的史料文献。中国人民军队在中国共产党领导下，握住自己的枪杆子，从农村到城市，从敌后游击到渡江决战，从抗日御辱到援朝卫国，经历了无数苦难与辉煌，成就了今天的钢铁长城。究竟是怎样的一片大地孕育了如此英雄的人民，并且能够产生如此伟大的奇迹？这些思考和感悟让我对历史产生了浓厚的兴趣。

两年后我回到上海大学，长时间缺乏系统的学习，通信专业的学习愈发艰难。后来我选择转入我更喜爱的历史学专业，充分了解了中国和世界发展的客观规律，坚定了自身辩证唯物主义和历史唯物主义的世界观和人生观。尤其是中国近代史上，我国人民所遭受的屈辱和压迫，让我清楚认识到落后就要挨打。学习历史知识让我明白，即便是在和平年代，也要坚持强军强国，才能守护住和平。也正是因为了解了这些历史知识，我才更加理解新中国成立后中国共产党领导中国人民取得一系列成就的伟大与不易。从"两弹一星"、杂交水稻，到天问探火、天宫对接，中国人民凭借自身的智慧，突破一个又一个技术难关，创造了人类历史上新的奇迹。

2021年，我从历史系毕业。在进行了系统的历史学习后，我更加清晰地认识到历史学对当代青年的思想指导有着无法替代的重要作用。学习历史让我有了更深的民族自豪感和文化认同感，以此为基础，我深感无论今后从事何种工作，服务人民、爱党爱国的思想精神会让我克服一切艰难险阻，充分发挥自身的主观能动性，为祖国和社会的发展、为人民的幸福生活贡献力量。

二、方向选择

毕业后，我有幸被上海能源建设集团公司录用。上海能源建设集团公司作为一家国企，经营范围多以各类工程项目为主，近年来更是积极投身新能源领域的设备研发和工程建设。能够在这样一个服务人民、开拓创新的企业工作,是我的荣幸。能源问题是当今世界的核心问题,世界各个地区间的矛盾,其根源往往都与能源有关。为了实现能源安全,保障人民的衣食住行不受能源短缺的影响,我国一方面加大同油气出产国的能源进出口贸易;另一方面则是开源节流,开发利用风力、水力、太阳能、核电等新型能源,同时研发创新能源输送和存储技术,减少输送储存中的能源损耗,用高新科技助力能源安全建设。如此有幸能够进入能源相关企业,我将在就职岗位上继续学习提高,发挥自身特长,为祖国的能源安全事业奉献自己的力量。

三、经验分享

时至毕业,我对上海大学的校训有了更深的领悟,它浓缩了个人发展和家国情怀,是钱伟长老校长对中国青年最殷切的指导和期望。上海大学文学院于我,更是实践了人文化成的教育思想,学院领导和老师对我的包容、关怀,学院同学对我的帮助、关心,我一生难忘。文学院历史系是一个有温度的集体,在这里,我深切感受到了人文学子报国治世的爱国情怀。这个时代是属于中国的时代,这个时代是属于我们的时代。

步入工作岗位,我定初心不改,砥砺前行,不断提高自身文化素养、科学素养,誓不辜负爱我和我爱之人的期望,誓不辜负学校、部队、社会对我的培养和帮助,誓不辜负党和人民百年来用鲜血和汗水创造的和平盛世。历史的接力棒已经传递到了我们这一代人手中,前路纵然荆棘遍布,豺狼环伺,但我义无反顾,愿与全世界所有爱好和平的人一起,为全人类更美好的明天奋斗不息!

实践经验将成为我们开启
职业生涯的敲门砖

新闻传播学院 2021 届本科毕业生　刘晓雅
毕业去向：中央广播电视总台

一、成长经历

在校期间曾获得创新 DNA 大赛一等奖（台湾）、金犊奖旺旺命题优秀奖、上海大学校运动会体操比赛团体一等奖、文艺体育奖学金、爱心公益奖学金、自强不息奖学金、"优秀志愿者"称号等。

时光荏苒，大学四年匆匆而过。新闻传媒是我从高中时代就期待从事的行业，但具体要选择哪个专业，刚升入大学的我仍然是懵懂无知的。于是在大一时，我以修习或者旁听的方式深入了解新闻学、广播电视学和广告学，并通过加入学生组织的相关宣传部门初步参与传媒宣传工作。经过多方了解后，最终在专业分流前夕，确定选择了广告学作为自己未来学习的主要方向。

提起广告，大多数人会首先将其与广告片、广告海报等联系到一起，最初的时候，我对广告专业的认知也仅仅停留在设计、创意层面。分流后，经过系统的学习，才发现自己对广告的认知太过于浅显，在现代科技和商业发展的推动下，广告已经逐渐细分出各种不同的方向。记得在我所上的第一节专业课中，老师说到对广告的理解时，谈及"广告是创造幸福的"。当时的我还不太懂广告这种创造虚幻的东西为什么能够和"幸福"这个略显厚重的词语联系到一起，但是随着后来对广告学的进一步学习和理解，越来越深刻地体会到这句话背后的内涵。

后来在校际交换学习时,因参加创新 DNA 大赛而认识了一对在做茶叶生意的夫妇,他们生产的高山茶曾获得过茶博会比赛的冠军,但是由于缺乏品牌营销的专业知识,使得高品质的茶始终没有办法走向大众市场,只能靠着口口相传吸引买家。后来在老师的指导下,我们从品牌最初形态的 VI 设计做起,通过线上与线下的结合,慢慢看见成效,见证了一个品牌的崛起。那也是我第一次切实感受到"品牌"二字的力量。后来看见我国一个个小乡村通过发展自身特色产业,构建地域特色品牌,助力脱贫攻坚,实现乡村振兴……所有的这些,都让我更加确定今后自己要从事品牌营销、品牌建设方向的决心,也从此开始,明白了广告为何能创造幸福。

二、方向选择

通过校招,我签约了中央广播电视总台。中央广播电视总台由原中央电视台、中国国际电视台、原中央人民广播电台、原中国国际广播电台合并而成,组建于 2018 年 3 月,由中共中央宣传部领导。中央广播电视总台始终贯彻习近平总书记的重要指示、批示精神,与党和国家事业同频共振、同向同行,为讲好中国故事,传播中国好声音,巩固壮大主流思想舆论,提升中国国际传播能力,打造出具有强大引领力、传播力、影响力的国际一流新型主流媒体。

中央广播电视总台作为党和国家对外的咽喉,不仅坚守着舆论阵地,也在为乡村振兴、为中国品牌走向世界而努力,这是总台让我最心动的地方。我相信,在这里不仅可以让我发挥自己的专业所长,同时又能兼顾我作为传媒人的社会责任感和使命感。抱着这样的期待,我在经过总台的笔试和面试后,成功获得了拟录取通知,未来希望在总台的工作中,能够保持向上进取的工作态度,不断学习,不断进步,在第二个一百年奋斗目标的交汇点上,为建设强国之路贡献出自己的一份力量。

三、经验分享

谈及求职经验,无论是笔试环节还是面试环节,无一不感受到对自身专业能力的考察。记得面试过程中,在回答一道专业方向的题时,面试官听到我最初的两点回答,并没有太多反应,当时我内心一阵凉风吹过。随后,我突然想起在专业课上老师曾讲过的一个案例。于是,结合老师的案例给出了自己的最后一点回答。听到这个答案时,面试官的神情缓和了许多,显然也有了更多的兴趣来继续提问。因此,注意对专业知识的学习以及对老师们课堂上所讲理论、案例的吸收,对于准备进入或者是初入职场的我们来说是非常重要的。

知识的转化能力也是求职单位很重视的考察因素。在校学习阶段往往考察的是我们对知识的吸收,但是我们吸收了知识不一定代表我们懂得如何将其转化为生产力。尤其是在面试环节,当面试官摆出实际的案例让我们在短时间内快速给出回应时,能否短时间内打动面试官,很大程度上依赖的是我们对知识的转化能力。

同时,经历和实践经验也将成为我们开启职业生涯的敲门砖。上海是一个充满机会的城市,而上海大学也给予了足够广阔的平台任我们去探索、去实现。在大学的四年时间里,我曾接触过寒、暑假都留在上海积累实习经验的实干家,接触过从大一开始尝试创业现在已卓有成效的创新者,也接触过喜欢电影于是自己摸索并组建了专业拍摄队伍的梦想家……大学是传说中的象牙塔,可却又实际得很。凡是做出行动的人,基本都会有所收获,而一味活在脑海幻想中的人,终是碌碌无为。因此,无论你想要走什么样的道路,实现怎样的梦想,行动吧!大学给了我们充分的时间和空间去尝试,而我们的每一次尝试都会在我们的生命中、气质里留下痕迹,这些痕迹不仅是未来简历中短短的几行字,而且会帮助我们抵达理想所在。

最后,无论学弟学妹们选择怎样的道路,有信念、有行动、有理想、有坚持,便一定能够有所收获,不负生命,无悔青春。

踏出第一步,沉住气准备

机电工程与自动化学院 2022 届硕士毕业生　李富迪

毕业去向:华为技术有限公司

一、成长经历

我于 2019 年从济南大学考入上海大学机电工程与自动化学院精密机械工程系机械工程专业攻读硕士学位。在校期间刻苦学习,成绩优异,曾获得上海大学一等、二等学业奖学金,上海大学研究生"和宗焊接"一等学业奖学金;积极参加学科竞赛,曾获得 2020 数字中国创新大赛机器人赛道系统组华东赛区一等奖、国家二等奖,"华为杯"第十七届中国研究生数学建模竞赛三等奖,2021 中国传感器创新创业大赛(华东赛区)一等奖、国家三等奖;努力科研,在读期间参与发表的学术成果有 SCI 论文一篇、EI 期刊论文一篇、中文核心期刊论文两篇、专利一项;在读期间担任班长职务,获得"上海大学优秀学生干部""上海市优秀毕业生"称号,组织班级开展各项党团活动,获得上海大学校先进集体、上海大学机电工程与自动化学院"机自之星"称号。

刚入学时,我因考研成绩并不理想,而且周围都是优秀的同学,给了自己很大的压力,但我将压力转化成了自己积极向上的动力。我刻苦学习,积极参加学科竞赛,参与科研,认真做好每一件事情。刚开始参加比赛的时候会有胆怯,总是认为自己没准备好,但心中还是一直鼓励自己去试一试,勇敢踏出第一步,参与了就有收获。真正投入到比赛中,短时间内了解自己可能不擅长的领域虽然很棘手但也很有意思,自己的信息搜集能力、自学能力、团队沟通协作能力得到了极大锻炼。这种紧张刺激、全神贯注参与到比赛中的感觉,以及和团队一起从无到有完成课题的那种成就感,是我比赛中最大的收获,这也让我不再胆怯,更加勇于面对挑战,也为我后续的求职、就业增加了自信。

二、方向选择

自己最终签约的是华为智能汽车解决方案 BU 岗位。它是华为公司面向智能汽车领域的端到端业务责任主体,将华为的 ICT 技术优势延伸到智能汽车产业,提供智能网联汽车的增量部件。智能驾驶汽车是汽车产业与人工智能、高性能计算、大数据、物联网等新一代信息技术及交通出行、城市管理等多领域深度融合的产物。自己能入职华为智能汽车解决方案 BU,从事智能驾驶相关领域的业务,顺应国家对自动驾驶汽车推动发展的潮流,内心无比激动,面对的挑战就像自己在校期间参加比赛一样,我相信只要全神贯注投入智能汽车事业,定会有所收获。

三、经验分享

第一,尽早明确自己的求职方向。机械专业是我们所说的万金油方向,与许多行业交叉,特别是在上海,许多企业转型,互联网+、人工智能等与传统机械行业相结合催生了很多岗位,也给我们提供了很多的机会,我们要尽早明确自己的发展方向,提前做好准备,这样在找工作的时候才会有针对性和目的性,把时间和精力都用在刀刃上。以我自己为例,我本科学的是车辆工程,硕士期间研究的是机器视觉相关领域,这两个方向都是我非常感兴趣的,因此很早就确定了将两个方向相结合的智能驾驶领域。兴趣是最好的老师,有了感兴趣的目标和方向,自己才会更加有劲头地朝着目标去努力,才会有奔头。

第二,多与周围老师、同学和师兄师姐交流。找工作是一个持续的过程,而且机会有很多,但也容易受到心情波动的影响。特别是第一次面试或者遇到笔试的冲突、面试不顺利的情况,我们都要用平常心来对待,不要因为求职过程中一些挫折而影响了自己的心情。多和身边的人沟通,分享交流自己找工作遇到的困难,不要封闭自己。有时你以为很困难的事情,和大家交流之后便会知道其实是很正常的事情。只要及时总结经验,把经验用到接下来的面试中,就会成长。与同学交流也会少走很多弯路,分享信息,获得更多求职的机会,互相鼓励前进。

第三,要沉住气。求职往往会持续很长一段时间,也会受到周围很多因素的干扰,不同岗位的选择,不同城市、薪资水平和发展方向等。当面临很多选择或者没有选择的时候,我们都要沉住气。选择多了,我们按照自身需求评估,综合选择最优的,没有选择的时候我们不要气馁,沉住气继续准备,做好当下的事情,往往会柳暗花明。这一点我深有体会,我一开始因为没准备好,投简历投得很晚,导致自己错过了很多机会,周围同学9月份、10月份都签约了,我却一直没有好的工作。我也有过低落的时候,后来沉住气,心里给自己一些积极的暗示和鼓励,保持自信,最终在12月份收获了心仪的offer。希望学弟学妹们早日明确自己的求职方向,在找工作的过程中沉住气,好好准备,多与周围同学保持沟通。祝早日收获满意的offer!

不受限于专业，不能闭门造车

环境与化学工程学院 2022 届硕士毕业生　李思阳

毕业去向：上海华力集成电路制造有限公司

一、成长经历

硕士在读期间，我担任班长一职，发表 SCI 论文 1 篇，申请专利 1 项，荣获优秀志愿者、校优秀毕业生等荣誉。

国家需要，肩负使命。研一刚刚进入上海大学时，全新的学习方式和生活环境让我应接不暇，对于自己未来的职业规划更是毫无头绪，十分茫然。当时正值中美贸易摩擦时期，美国对中国实施的芯片技术封锁暴露了我国在芯片领域的巨大弊端，如何实现芯片本土化，攻克"卡脖子"技术成为我国发展前进路上的一道难题。我国工业基础较为薄弱，在半导体芯片制造、封装等环节的发展与国际水平还有差距，同时缺乏大批高质量芯片人才。芯片的制造工艺是目前人类最精密、最复杂的工业技术，需要物理、化学等多学科交叉融合。中国的芯片想要突破关键技术，就需要打破学科壁垒，让跨行业的人才进入芯片行业。我们的老校长钱伟长先生曾说"国家的需要就是他的专业"。我所学的专业恰好是以化学为主的新兴综合性学科，作为新时代的青年、国家未来的主力军，我决心肩负起推动中国集成电路行业追赶国际同行并实现超越的时代责任，为突破我国芯片领域"卡脖子"的关键技术贡献自己的一份力量。

二、方向选择

确立目标，统筹规划。研一下学期，确定好自己未来想要努力的领域后,除了继续加强专业学科的基础理论学习,我开始利用闲暇时间积极了解芯片行业的相关知识,规划自己的学习路线,利用网络资源获取更多专业知识,让自己的求职之路更加具有合理性和计划性。研二时,我意识到单纯的闭门造车并不可取,只从课程中学习芯片的相关知识是完全不够的,如今的社会发展迅速,技术迭代时间不断缩短,除了了解芯片制造的基础技术原理,还应当了解最新的技术发展。上海是中国集成电路行业的产业高地,拥有中国大陆最完整的集成电路产业布局,于是我开始积极参加集成电路行业的各种峰会或分享会,切实感受并调研芯片行业的发展现状,也为后续的求职打下基础。研二下学期,我开始整理修改简历,基于一年多的深入了解,我把求职目光重点放在了芯片制造的研发岗位。我利用上海大学就业公众号、招聘网站等多种途径了解心仪岗位的任职要求,根据任职要求不断优化简历,对于不足的地方,及时进行弥补。在研二暑假期间,我有幸得到师兄内推机会,参加了华力的提前批面试,主管面试的时候还很惊讶,我一个外行人居然能够懂得芯片制造的相关流程和细节,这也算是对我这一年多学习的认可,最后我顺利拿到华力的研发 offer。同期,我还参加了其他公司的面试,每次参加完面试之后,我都会对面试内容进行复盘,这样能够让我很快发现自己的不足并及时改正,不断成为最完美的自己。

三、经验分享

第一,明确方向,精准投递。求职季来临的时候,上海大学就业公众号每天都会给大家推送很多新的招聘公告,但是不同岗位适应不同同学的需求,而且大多数简历投递还需要花费很多时间和精力,这就要求大家一定要明确自己的方向和优势,选择好自己心仪的工作地和公司,针对性地优化简历并投递。简历不可一成不变,一定要与投递的岗位相匹配,这样不仅能够节约时间,而且能够大大提高求职的成功率。

此外，简历内容必须是自己熟悉的东西，不可胡编乱造，因为简历是学生与面试官沟通的唯一桥梁，面试官除了问一些常规性的问题，其余问题都是从简历中引申而来。

第二，善用资源，抓住机遇。招聘季的信息不仅庞杂，而且具有时效性，因此大家一定要利用好周围的各种资源，如导师、师兄师姐、同学、家人、朋友等，多与他们交流，以免自己错过机遇。此外，如今的求职期早已不是在 8 月份、9 月份才开始，"抢人大战"已经提前到 3 月份、4 月份，大家可以优先关注暑期实习，暑假实习能够提前体验工作环境和内容，锻炼自己的职场能力，暑期留任也是进入大公司的一条捷径。同时，暑期实习也能够为自己的简历增色不少，公司不同于学校，更加看重实践能力，因此暑假实习非常重要。此外，暑假期间的提前批招聘大家也有必要关注一下，我在提前批招聘中就幸运拿到了几个很好的 offer，早早在秋招开始之前就确定了工作。如果大家在暑假实习和提前批招聘中没有斩获心仪的 offer，这些经历也会让大家找到自己的不足，收获求职经验与技巧，从而在秋招正式招聘中大展拳脚。

第三，认清自我，保持自信。由于求职期十分漫长，大家在求职过程中可能会遇到各种各样的问题，比如心仪公司没有任何回应，或者来自同学录用的压力，又或者面试时间发生冲突，这些都是正常现象。我在求职过程中就经常遇到简历石沉大海和面试时间冲突的情况，大家千万切记不要受到周边环境的影响，要正确地认清自己，选择适合自己的最优解，找到属于自己的节奏，相信天道酬勤，尽量减少自身的焦虑感，轻装上阵。在面试时，也需要时刻保持自信，将自己最完美的一面展现给面试官。

人生本不应该受限，青春应当充满无限可能。我们作为时代的弄潮儿，大可不必在意他人的眼光，勇敢地向着自己的梦想进发，但无论想要在哪个领域深耕,都理应肩负起历史使命,为实现中华民族伟大复兴奉献自己的一份力量。成功的果实在经历过汗水和泪水的浇灌后会更加香甜,希望大家都能够砥砺前行,勇攀高峰,收获自己心仪的 offer。

勇于试错，能够试错，敢于试错

理学院 2022 届硕士毕业生　兰自轩

毕业去向：上海海思技术有限公司

一、成长经历

我师从马忠权教授，目前以第一作者身份于 *Applied Surface Science* 和《光学学报》各发表论文 1 篇，参加第 16 届中国太阳级硅及光伏发电研讨会并做会议报告 1 场，以导师一作、我二作身份申请国家发明专利 2 项，以其他作者身份发表论文 6 篇。曾获 2019 上海大学优秀学生、2020 中国研究生数学建模三等奖、2020 上海大学研究生联合会优秀部长、2019 上海大学暑期社会实践重点立项奖、2019 上海大学暑期社会实践示范项目奖等荣誉和奖项。

二、方向选择

在成长和求职方面，我认为要有勇于试错、能够试错、敢于试错的魄力。我出生在一个农民家庭，爸妈没有太高的文化，无法在成长和就业方面给予我太多的建议，但是他们曾对我说过这样一句话，令我感恩。他们说："我们所拥有的资源和知识有限，无法对你的人生给予太多的帮助，但人生是个不断试错的过程，你还年轻，要多试错，不要害怕失去，错的每一步终将成为人生的财富。"

在距离毕业一年半的时间时，我选择更换研究方向。特别感谢马忠权教授给我的这个机会，让我可以做自己喜欢的方向。然而，刚换完导师三个月的时间，我们迎来了"疫情大考"，等到开学时已经研究生三年级。我没有绝望和懊悔,因为我相信,试错是要承担代价的,而我要有勇于试错的责任,敢于承担后果。做实验也不是一帆风顺的,也会遇到各种理论和实验结果不相符的情况,我有时也会向导师求教询问是我自身水平还是实验方法的问题。导师会安慰我,做实验要多试错,多试几种方法,多做实验,多想想就一定会有成果的。最终按照导师的方法,我耐下心来,自己做实验,最终还发表了多篇学术论文。

找工作同样需要敢于试错的魄力。工作也不会一次就找到满意的,要多尝试多投简历。想要获得更多的机会就需要很早就投简历,像有些公司会有提前批,而提前批就是锻炼自己面试的机会,这次不过还有秋招。而我也是因为之前有了很多次面试的经历,所以在去华为面试时可以从容不迫,最终收获华为的 offer。

三、经验分享

我觉得试错是青年人在人生成长道路上所需付出的最小代价,要勇于试错,能够试错,敢于试错。这也是一种行动力的表现,在试错中不断反思、积累、成长,朝着理想的彼岸航行。

第一,有的放矢,提前规划自己的就业方向。研二的时候就需要确定自己的就业方向了,无论是升学或是就业,在这个时候应该有自己的目标,然后在这个目标下努力。提前规划自己的方向,可以让自己在未来择业时有更多的选择,也可以让自己在未来择业时有更多的竞争力。

第二,增加自己的竞争力。时刻清晰认识自己的竞争力是什么——专业对口、基础扎实、可塑造性强、更有拼劲、实习经历多等。在面试的时候再将自己的竞争力与企业结合起来,使得自己的竞争力更上一层楼。

第三,实习有利于面试。一系列实习会让自己的竞争力变得更强,在时间充足的情况下可以去做一些相关的实习,这本身也是一种试错,实习不仅可以增强自身的竞争力,还可以让自己对这个职业有更深的理解。若不喜欢,再换行业的代价会低一些。

第四,多交流工作经验。多与自己的师兄师姐或同学交流工作经验和面试经验,他们作为过来人的身份会让你对工作规划或面试有崭新的认识,让你对未来有更深的理解。

第五,毕业任务第一。不可顾此失彼,要时刻确保自己可以顺利毕业,否则再多的实习机会也会让你变得患得患失。所以一定要确保自己可以正常毕业,才可以去做更多的实习,让实习成为锦上添花的事情。

第六,保持身体健康。身体是革命的本钱,一定要好好锻炼身体,保持良好心态。无论是做科研还是工作,健康的身体都可以让自己效率增加。像我就会经常去跑跑步或散散步,深深呼吸几口新鲜空气,这样可以让自己的烦恼快速消散,也可以让自己的脑袋变得更加有灵感。

循序渐进，打牢基础

通信与信息工程学院 2022 届硕士毕业生　陈松

毕业去向：网易(上海)网络有限公司

一、成长经历

在上海大学读研期间，我的研究方向是基于光纤传感的车型识别方法研究，发表了 SCI 论文一篇、EI 论文 1 篇，获 2020 年校级优秀学生称号，同年参加全国研究生数学建模大赛并获全国二等奖，参加科大讯飞温度挑战赛并成功入围复赛。在校期间获得过校级奖学金 3 次。

在上海大学读研期间，我获得了巨大的成长，我所在的实验室是上海大学通信学院的先进网络与智能通信实验室，我的导师李迎春教授是一位非常负责任的老师。李老师虽然教学工作和科研项目繁忙，但仍经常抽出时间给予我学术上的指导和帮助。我的科研方向是基于相位敏感光时域反射的光纤传感系统采集车辆行驶过程中产生的振动信号，但是光纤传感系统在采集信号的过程中会出现信号幅度不正常的情况，当时花费很长时间找不到问题所在，向李老师求助之后，李老师耐心地给我讲解每个器件的作用、如何排查每个器件是否完好以及当不同的器件出现问题可能会导致波形发生怎样的变化。李老师的博学与扎实的光通信的基础深深折服了我，不管出现怎样的问题，李老师总是能够追溯到最根本的原因，使问题得以解决。

二、方向选择

李老师务实严谨的科研作风不仅使我的科研工作得以高质量完

成,同时让我明白学习是一个循序渐进的过程,一定要在最开始的时候把基础打好,以后出现问题才能快速准确地找到解决办法。正是由于这种积极的影响,让我的科研探索一步一个脚印向前进,也对我之后找工作产生了积极的影响。找工作面试期间,面试官喜欢问一些基础的问题以及一些实现方法的底层原理,回答这样的问题需要有很好的基础知识,需要在学习过程中脚踏实地。

在我的认知中,游戏不仅可以让人在忙碌的工作之余得到充分放松,而且目前游戏行业的一些技术已经深入到一些实体产业,并对实体产业的发展产生了十分积极的影响。Unity游戏引擎在影视行业可以用来制作电影特效;在文物保护领域,游戏产业成熟的扫描、3D建模和物体渲染技术可以让文化遗产以数字化的形式保存,重新获得生命力;在教育领域,可以让偏远山区的孩子在虚拟场景下进行实验模拟。目前对于AR、VR技术的运用,70%的内容都是游戏;当下正火的元宇宙概念,其最佳体验入口和重要终端场景也是游戏,游戏研发用到的游戏引擎、3D建模、实时渲染等,被认为是支撑元宇宙发展的重要技术。目前来说,游戏行业在对未成年人防沉迷、通过游戏宣扬中国文化等方面仍有很大的进步空间。游戏是数字经济的重要组成部分,游戏中也包含数字生产力。对于游戏研发,我的职业理想是可以开发出一款受到大众欢迎且充满正能量、能够向世界人民宣传中国文化的游戏。我希望不断打磨自己的技术,能够参与到促进游戏技术在其他产业中应用的研发工作,为与游戏相关行业的发展作出自己的贡献。

在读研期间我学习的技术语言主要是C++,游戏行业是C++的主要就业方向之一。4月份找实习的时候,我拿到了网易暑期实习的offer。实习期间的体验比较好,暑期实习后直接转正,在网易担任游戏研发工作。求职期间,我的师兄对我的帮助很大,不仅向我分享在求职面试过程中遇见的一些困难以及注意事项,而且告诉我在学习期间需要重点关注的知识内容。

三、经验分享

在开始求职之前,首先需要确定自己的求职目标,然后去各个公司的官网上查看该岗位的求职要求,确定自己需要学习的内容。我求职需要学习的主要内容是编程。学习编程是一个比较枯燥的过程,每门编程语言的知识点都非常多且很琐碎,所以学习编程前最好有一个完整的计划,每天学一点,做好学习的笔记。虽然网上有很多成套的视频资源教你如何编程,但是如果想要深入了解每个语法的底层实现,在看视频的同时应该找几本该编程语言的经典书籍配套学习。同时学习的过程中要多实践,编程学习需要边学习边敲代码,有计划地刷一些习题巩固每天所学知识。

学习完所有的基础知识之后,最好可以做一个项目加深自己的印象,在做项目的过程中,需要对项目的每一部分以及为什么要这样做和这样做的原理了解得很清楚。在制作简历的过程中,要将自己的项目经历以及掌握的技能清晰明了地描述出来,多写一些自己擅长且符合所投递岗位应聘要求的技能描述。

要时刻关注招聘信息,简历要早投多投,面试完之后对面试官提到的问题做一个复盘,没有回答出来或者回答得不是很清楚的地方,要重新复习一下。希望所有的学弟学妹都可以找到一份满意的工作!

清晰职业规划,充分面试实战

钱伟长学院 2022 届本科毕业生　张晓珂

毕业去向:泛亚汽车技术中心有限公司

一、成长经历

在上海大学钱伟长学院这个大家庭中,我度过了四年的学习时光,我在校期间努力丰富大学生活,积极参与社会实践和志愿服务,并积极进取,曾获国家励志奖学金、上海大学学业二等奖学金、上海大学文艺体育奖学金等。

二、方向选择

从就业角度来讲,可以将我的成长故事分为三段。

第一,职业规划。每个人面对人生岔路口都会有不同的选择,如果有就业意向的话,就需要早做打算、积极准备。就业意味着要从校园走向社会,从学生身份转变为职场工作者,这需要我们要做好充足的心理准备;同时,就业也要求我们成为国家建设者,在实现个人价值的同时,为社会创造价值,这需要我们对自己有清晰的规划。

就业的前期规划环节非常重要,我结合国家当今的需要、考察到的社会动态以及我的个人能力来进行职业规划。在学生阶段我们承担的更多是资源接收者的角色,而在就业时就要积极奉献祖国,运用自身知识和能力尽可能地承担社会责任、为祖国服务。在对社会动态的考察过程中,我了解到汽车是国民经济的重要支柱产业,国家多次出台相关政策推动汽车的新能源转型、刺激汽车消费;同时,随着以互联网、人工智能为代表的新技术飞速发展,汽车产业与之融合深入,行业整体表现出巨大的发展潜力。结合自己的个人能力和兴趣经验,我认为在该行业中自己能够在创造个人价值的同时创造社会价值,因此最终选择了汽车行业作为求职意向。

第二,技能储备。在明确了自己的职业规划之后,就进入了技能储备阶段。在校期间我保持学习习惯,认真对待专业知识,并且积极参与多种多样的课程项目、志愿实践活动,这不仅可以帮助我提高综合素质,也使我的简历变得更加丰富。如果想要跨专业求职,则更需要提前做好准备。考虑到目前的就业背景,可以针对性地提高专业技能,提高自己的核心竞争力。此外,可以通过各种渠道了解应聘流程,提前准备面试问题,并且要熟悉自己的简历内容,确保在后续面试中能够充分表达、展现个人能力。

第三,面试实战。在投递简历的环节,我从发展前景、公司规模、薪资待遇、加班情况等方面综合考虑,而不是局限在单一行业或单一岗位。同时针对不同的行业以及岗位的不同要求调整自己的简历,选择最合适的项目进行呈现。有了前期的充分准备,不断积累面试经验,可以帮助自己在接下来的面试中表现得更加游刃有余。

三、经验分享

在整个求职过程中,我获得了朋辈和师长的很多帮助,也积累了不少或成功或失败的经验。

第一,增强执行能力。一旦明确自己有就业打算,就要立即付诸行动。我们需要以积极的心态做好就业准备工作,从信息搜集和自我提升两方面入手,有意识地在行动过程中认识自己从而增强自信,这样也能避免因为未知而产生焦虑感。此外,求职过程往往比较漫长,可以利用这个过程充实自己、提高专业技能,也可以记录好自己投递不同公司岗位的时间、面试时间、offer发放时间等关键节点,做好时间规划。

第二,拓宽信息搜集渠道。获取就业信息的相关渠道有很多。在学校层面,上海大学会在校招期间联合企业组织很多招聘宣讲活动,也会为同学们提供一些就业指导讲座,这些信息会通过学校就业公众号进行推送。在学院层面,辅导员老师会及时在学院实习就业群中更新招聘信息,这些信息往往与我们的求职意向更为匹配,是很有价值的。在个人层面,可以求助学长学姐或者业界前辈进行内推,这样求职成功率会更高;也可以通过意向公司的校招官网或招聘网站自主投递简历。此外,还可以借助网络交流平台了解公司文化、薪资待遇等情况。

第三,针对性准备面试。在每次面试之前,除了准备综合问题之外,可以调研意向公司所在的行业动态、公司的自身定位、岗位的工作内容和用人要求等信息。然后挖掘自己的能力经验来匹配这些信息,并在面试过程中放大自己的相关优势,让面试官感受到自己为面试做了认真准备并且和岗位的匹配度很高,这样可以显著提高面试的通过率。

第四,保持良好心态。对于本科生而言,面试官会更看重综合素质,因此在面试中要沉着应对,以放松的心态回答问题,着重表现自己的思考方式和学习能力,给面试官留下良好的第一印象。同时,临近毕业,身边的同学们可能都已经有了明确的去向,而自己投递的简历可能杳无音讯,这是大家都会经历的情况,切忌自我否定和犹豫不前,而应该坚定自己的选择,找到自己的节奏,保持良好的心态。

第五,学会取舍。校招接近尾声时可能会收到不止一个offer,在做出选择前,可以结合自己的未来规划、公司文化、发展前景、薪资待遇、工作时间等因素综合评估,并且要明白自己真正想要的是什么,考虑好各因素的权重,通过对比选择出最合适的offer。必要时也可以向有经验的学长学姐请教,听取前辈们的建议。

祝愿每一位有志青年都能在祖国建设中找到自己的位置!

宜未雨而绸缪,毋临渴而掘井

中欧工程技术学院2022届本科毕业生　宋柳蓉

毕业去向:上海大众汽车有限公司

一、成长经历

我在校期间参与过多个科创与社会实践项目。在学校的寒假回母校活动中获得一等奖的荣誉;作为党员,积极参与红色文化宣传实践活动,为学院提供了法国红色文化宣传项目的雏形。参与学校青马工程训练营,获得优秀学员称号。作为团支书,我多次带领支部获得优秀团支部称号,并在2018—2019年春季学期获得"活跃团支部"称号。

二、方向选择

我的求职经验可以用一句话来概括:"宜未雨而绸缪,毋临渴而掘井。"

在校期间,学院从大一开始就给我们开设了未来职业规划的课程,让大家从个人兴趣以及网上测评结果方面寻找自己适合的工作领域,为未来个人发展做出基本的规划。通过这个规划,我发现自己比较适合往数据分析、产品交互、项目管理等方面发展。在之后,我通过对专业课程的学习,对自己未来的发展方向也愈发清晰。为了让自己在就业中更具有竞争优势,我参与了许多科技创新和社会实践项目,取得了一定的成绩,也在一次次项目实践中发现了自己的不足,努力进步,掌握了大数据方面的许多工具,积累了项目实践方面的宝贵经验。

由于准备考研,我并未参加秋招,因此在春招时,我认真制作了个人简历,并让从事计算机相关行业的亲友帮忙修改了个人简历。在3月份投递工作之前,我通过各大招聘网站以及学校就业办公众号的推送,把看到的心仪公司、心仪岗位都记录在了表格中,按照表格一家一家投递简历,根据各公司不同的职业要求,适当调整自己的简历内容。

在投递初期,我不了解各个工作岗位的火热程度,由于学历和个人经验的限制,经常被淘汰。后来,我找准了方向,精准投递,逐渐收获了笔试和面试机会。但受疫情影响,很多公司的招聘进度都比较慢,因此我投递的很多公司都是在4—5月份才开始进行面试等流程,这也给了我充足的时间去准备笔试和面试内容。汲取前人的经验,我还对自己每一次的面试表现进行分析,总结不足,不断提高,努力抓住每一次机会,最终获得了心仪的offer。

选择目前工作的原因:其一,汽车行业站在大变局的十字路口,一边是消费者的数字化生存程度越来越高,另一边是人工智能、互联网等高新技术快速迭代,同时还有植入了互联网基因的造车新势力的碾压,迫使行业进行数字化转型。且汽车行业的数字化还在不断摸索提高状态,有着广阔的发展前景。其二,进入作为全国汽车制造龙头企业的上汽大众工作,有利于未来的个人发展。希望通过自己的努力工作,为推动汽车行业进步贡献绵薄的力量,促进中国制造业的发展,有利于社会生产力的进步,推动实现中华民族伟大复兴的中国梦。

三、经验分享

第一,找准目标,不断靠近。在整个大学期间不要盲目去实习,要先把专业知识学习牢固。牢固的专业知识是求职时不可忽视的敲门砖。在学习过程中,逐渐找寻自己的兴趣方向,也可与导师、辅导员等就职业发展进行沟通,获取建议,确定自己的未来发展方向。找准目标之后,向着这个目标,去寻找实习,参与实践项目,不断积累经验,提高自己在未来就业市场中的竞争力。

第二,准备充分,自信面对。在临近毕业的时候,春招和秋招也会到来。在校招之际,就是信息战的开始。机会总是留给有准备的人,我们要有充足的信息获取渠道,做好万全的准备工作。首先,要做一张优秀的简历,可以看网络上优秀简历的撰写规范,制作完成之后,寻求就业办或者从事相关行业人员的帮助,完善简历;其次,关注各大公司的招聘、学校就业办校招信息的公众号,注册正规招聘网站,填写希望的岗位信息,网站会不定期推送岗位信息,争取尽早投递,尽早进入笔试面试环节;最后,在各网络交流平台获取笔经和面经,总结好经验,做好准备,自信满满面对面试,获得 offer。

第三,不怕挫折,勇往直前。求职的过程必然不是一帆风顺的。我们在这个过程中会遇到很多困难,困难不可怕,我们要学会在困难中成长。面对一次次的笔试、面试失利,要总结自己表现不好的原因,并对不足的地方多多加以模拟训练,不断弥补自己的缺陷,这样,在后面的笔试面试中会更加游刃有余,求职成功的概率也会大大增加。

头上朗月，明灯一盏，何惧无路往返

悉尼工商学院 2022 届硕士毕业生　张密密

毕业去向：华为技术有限公司

一、成长经历

三年前，我怀揣着远大的理想和激动的心情走进了上海大学，内心满是欢喜和希冀。在这三年里，我在学业和找工作途中经历过迷茫、焦虑，但也收获了很多宝贵的经历。回头看这三年，很感激自己做了决定来到这里，很感激这些经历让我成长、蜕变。2019 年，我有幸自西安理工大学推免至上海大学企业管理专业，获得一等学业奖学金。2019—2020 年，努力完成导师布置的任务，参与课题讨论，获得了二等学业奖学金以及学院摄影大赛二等奖，在第三学年获得了三等学业奖学金。这期间也努力参与学院的各项素质拓展活动。为了积极践行"奉献、友爱、互助、进步"的理念，参加了三次志愿者活动，分别是 2019 年 10 月的上海大学体育节、2019 年 11 月的中国上海国际艺术节、2020 年 9 月的创新与新兴产业发展国际会议（IEID），多次获得"优秀志愿者"称号。为了多方面发展，我于 2019 年 10 月初加入了悉尼工商学院新媒体的大家庭，从一开始什么也不懂的小白慢慢成为新媒体编辑部部长。2021 年秋季学期，是压力和收获并存的阶段。这期间，我们应届生需要秋招、论文两手抓。在这段时光里，有很多不足为外人道的艰辛。疫情影响了很多企业的招收名额，无法线下进行面试，而线上面试则更加需要你把握住分秒必争的机会。回头看这段时间，非常感激自己的坚持，才得以在 2022 年 3 月份就通过论文盲审完成了研究生学业要求，并且在秋招中就获得了还算满意的 offer，加入了华为这个大家庭。

二、方向选择

想要加入华为是我一直以来的愿望。本科阶段，我便憧憬自己能够加入一个用技术为中国发展打下坚实基础的公司。他们一直致力于将产学研合作加投资延伸至各大高校，百万高薪聘请天才少年。这都说明了他们对人才的重视和渴望，在这样一家实打实地想要做出成绩来支撑国家发展、支撑科技发展，并且能够对国家战略层面提供信心的企业工作，让我感觉自己的付出是重要且有意义的。我们现在所熟知的华为已经是较为成熟的企业，但我想加入华为，不仅仅因为华为成熟，更因为华为是饱经风霜才一步步成长为全球瞩目的企业。

三、经验分享

在我求职的道路上有很多坎坷，每个人的经验都是自己探索出来的，我也没办法告诉别人怎么做才是对的，但是我想要分享一些普适性的经验，无论是在求职还是求学中都能适用。

第一，心态要好。你要知道，既然选择了前方，便只需风雨兼程。无论你面临怎样的挫折，面试失败，沟通失利，考学失败，在你数年后跨过这道坎回头看的时候，都觉得不过是人生中一个个小小的阶梯。人的一生中有很多次失败的可能，重要的是你能从失败中有所获得。不要一蹶不振，你需要总结面试失败的原因——是对公司了解不足？对自己定位不准还是匹配度本身就不高？这样你下一次的求职肯定会比上一次更加顺利。

第二，定位要准，要明确自己的目标。不能什么都想要，"钱多事少离家近"优先占据两样是否就能满足你的目标？确定好你的心之所向，求职阶段会少走很多弯路，所有的都想要，到最后你只能发现自己对所有的工作都不甚满意,导致自己竹篮打水一场空。

第三,给自己留一条可进可退的路。也许你一直没有拿到非常满意的 offer,但是你也要确定自己最低限度可以接受的工作,以防失去了应届生身份。这对于毕业生来说也是一个非常重要的需要把握的时间节点。

积累丰富实习经历,遇到困难调整心态

经济学院2022届硕士毕业生　李文琪

毕业去向:潍柴动力股份有限公司

一、成长经历

我在校期间学习成绩优异,积极配合班级工作并且积极参与入党积极分子的竞选。在校期间均未受到过处分,无不良信用记录。

曾听说过这样一句话,在大学里先学做人,其次是做学问。我在大学生活中不断体会和践行着这句话,逐渐发现作为一个人对生活的价值,不断鞭策自己,完善和提高自己,使自己成为一个优秀的人。2016年9月,我从小县城到了青岛大学,初入大学校园,充满了新鲜感,对周围的一切都充满好奇心,想要在这个全新的环境下更好地完善自己,多交朋友。于是报名加入了学校的师生校友联合会,这一部门主要是为在校学生、老师与企业的联系搭建一个平台。在校友联合会工作期间,我积极竞选规划部部长,最后成功当选,并且在校园内组织过两次全校范围的招聘会,均取得圆满成功。但是一味地参与社交活动并不能让我的内心完全充实,于是我决定考研,用知识武装自己。我是从大三上学期开始准备考研的,起初还有一些浮躁,但是随着时间的深入,周边越来越多的朋友开始加入考研大军,逐渐有了学习的氛围,我也慢慢进入了学习的状态。

时间来到大三下学期,周边的同学目标逐渐明确:考研的都在闷头学习,工作的都在实习。但是考研复习并不是一帆风顺的,一方面,我的基础较为薄弱,在学习数学和概率论等科目时下了很大的功夫;另一方面,由于考研复习,我暑假期间并没有回家,而青岛的夏天非常难熬,并且宿舍和自习室都没有空调,而且为了不打扰大家学习,在自习室时也很少有同学开风扇,经常大早晨一到自习室就已经满头大汗了,汗水不时地从脸上流到书本上。由于自习室座位有限,我们要早起才能占到座位。冬天时,我们每天都是天还没亮就要起床去自习室占座位。总之,考研期间经历了许多困难,但也正是因为经历了这些困难,我才能有幸来到上海大学。

二、方向选择

我从研一第三学期开始实习以积累工作经验。我实习的第一家公司是迅达集团有限公司——一家电梯行业的龙头企业。这期间我得到了很大的锻炼,从最初的角色转变的不适应到后来能够应付大多数场合,从最初对行业一无所知的小白到后来对电梯行业有了自己的一点小小的见解,这些都来自我的不懈努力。我的第二份实习是在好未来集团。好未来是一家从事互联网教育的公司,我在好未来实习期间主要负责数据的收集和处理以及分析,这使我初步具备了数据分析能力,为以后的工作打下了基础。在之后的秋招中,由于我是独生子女,考虑到家庭方面的原因,我主要往山东的公司投递了简历,最终也收到了海尔、潍柴等公司的 offer。在综合考量下,我选择了潍柴,原因在于,潍柴作为国企,对员工的待遇较好,而且潍柴的新能源板块具有巨大的发展前景,得到了国家的大力支持,并且潍柴平台较大,会给人很大的发展空间。

我在职业选择和面试过程中也并不是一帆风顺的,而且就业本身就是我们认识和适应社会的一个过程,在求职过程中遇到困难甚至经过几次挫折才成功是正常的,在就业中遇到许多心理冲突、困惑,产生一些不良情绪也是正常的。遇到就业问题时,要学会调节自己的心态,使自己能从容、冷静地面对就业这一人生重大课题,并做出正确、理智的选择。

三、经验分享

第一,接受客观现实,调整就业期望值。就业市场化、自主择业给大学生带来了机遇与实惠,但许多大学生对市场残酷的一面认识不足,对就业市场的客观实际了解不够。经过对就业市场、就业形势的客观了解与深刻体验后,我们必须明白现实情况就是如此,无论是抱怨还是气愤都没有用,这种就业情况不可能是一时半会儿就能改变的。与其成天怨天尤人,浪费了时间、影响了自己心情,还不如勇敢地承认和接受当前所面临的现实,彻底打破以往的美好想象,脚踏实地地寻求解决问题的好办法。

第二,充分认识职业价值,树立合理的职业价值观。传统认为人们工作就是为了满足生存需要,但是对于现代社会的人来说,职业对个体的意义已经远不是如此简单,职业可以满足人们从低层次到高层次的多方面需要。如最近有人对职业价值结构进行了初步研究,发现了交往、义利、挑战、环境、权力、成就、创造、求新、归属、责任、自认等11个类别的因子。因此,职业的价值是丰富的,我们要充分认识到职业对个体发展、社会进步所起到的重要作用。

第三,认识与接受职业自我,主动捕捉机遇。大学生就业中的许多困扰都与大学生不能正确认识和接受职业自我有关,因此正确地认识自我的职业心理特点并接受自我,是调节就业心理的重要途径,可以帮助自己找到合适的职业方向。要知道自己喜欢什么样的职业、需要什么样的职业、自己的择业标准以及依自己目前的能力能干什么样的工作,这样才能知道什么样的工作更适合自己。许多同学通过亲身的求职活动后就会发现自己的能力与水平并不像自己以前想象的那么高,还容易出现各种失望、悲观、不满情绪。

厚积薄发，复盘内省

管理学院2022届本科毕业生　唐一航

毕业去向：杭州巨量引擎网络技术有限公司（字节跳动）

一、成长经历

2019—2020年，我曾任上海大学学生职业发展协会会长。在校期间创业过两次，成立过两家公司，也有过多份实习经历，体验过多种职业。

在学校不断学习，注重实践探索。除了好好上课以外，课余时间要么泡在图书馆学习，要么不断进行社会实践。记得刚入学的时候，第一周一口气读了15本书，求知若渴。课余也是找老师问问题最多的那个人。这个阶段，加入过10多个社团、学生会、项目组，也尝试过两次创业，积累了丰富的实践经历。这个过程中，除了拿到一些奖项，也实现了自己的财务独立，同时也结识了很多优秀的伙伴。

在成长过程中，我也走过一些弯路。

第一，急功近利，急于求成。作为年轻人，我也是很急躁，总想着年少成名，成为很厉害的人。但后来逐渐发现，想要把一件事情做好，需要花很长的时间。隔行如隔山，三年入行，其实是有道理的。所以不如静下心来，坚守价值，打好基本功。所以现在的自己，会更加踏实。先从小事做起，修身、齐家，一步一步地向前进。建议大家有时间多看看历史书，看看历史上的伟人，往往都是有几十年如一日地坚持。特别是年轻人，一定要有耐心。学会打持久战，坚持才能看到胜利；能持续输出，才是最关键的要素。

第二,精神内耗,自我怀疑。年轻人很容易胡思乱想,陷入空想、内耗的状态。明明没有做太多的事情,但却很累。解决方法其实也很简单,聚焦在事情本身上面。焦虑的反面,是具体。去把困难一个一个解决掉,自然就不会焦虑了。工作上,可以每天给自己做下规划,明确每天需要做什么事情,这样才能更加聚焦。生活中,也可以明确自己需要做什么,可以把生活环境打扫整洁,培养点自己的爱好,让自己过得开心一点。

二、方向选择

我曾在多个企业尝试实习,包括拉面说、微博、携程、字节跳动等多个知名企业,横跨旅游、在线教育、职业教育、新消费等多个领域,开阔了视野。岗位也从销售、运营、市场、自媒体,到如今的产品经理。这个过程中,我对世界建立了自己的认知,同时也积累了丰富的行业经验,最终我选择了字节跳动。

秋招中,我拿到了五家互联网大厂 offer。字节跳动作为国内最大的内容平台,大大丰富了人民群众的生活。旗下有国民级产品,包括抖音、今日头条、西瓜视频等。同时,也是国内重点媒体单位,也是较为前沿的人工智能公司,在人工智能方向引领行业发展。

三、经验分享

大一:多尝试,多试错。作为年轻人,大学中机会成本是最低的。在尽可能早的时候"多犯错,多踩坑",这对成长是有好处的。因为年轻人很多时候想不清楚自己到底想要什么,多尝试就是找到热爱最快的方法。

大二:厚积薄发,努力成长。经过大一的探索,大概也知道自己的兴趣,同时也完成了专业分流,有了聚焦的专业方向。这一年,最好就是努力在专业领域钻研,想办法"入行",成为专业人士。

大三与大四：实践、入行、迭代。这两年除了好好学习以外，就是去尝试社会实践，去检验自己所学的知识。当然，大多数时候，理想和现实很不一样。此时，来自世界真实的反馈，对我们的成长就很有帮助，虽然过程中可能会经历痛苦。

除此之外，我觉得保持好奇心和学会内省这两点也非常重要。好奇心是一切的根本，没有好奇心，那么就会失去对世界的探索欲。我其实在小时候就是个好奇心很强的人，有自己不懂的事情，我一定会问得很清楚。例如，在学校的时候，我总是那个问问题最多的学生。再例如，在工作上，我也是那个热爱跳脱自己当前的局限，去关注全局的人。正是好奇心支持我一直保持学习状态，不断成长，体验世界，迭代自己。好奇心，是保证自己在世界有正反馈的前提条件，有反馈才会有成长。

学会内省，则是有了反馈之后，能够去改正缺陷、发挥优势的保证。我会坚持每个月写一份复盘，一方面是记录下这个月我干了什么。另一方面，是来思考这个月我做得好不好，哪些地方还可以更好。这样一思考，其实很多时候就能发现不少需要去迭代的事情了。特别是在现在这个信息爆炸的年代，拥有内省能力，能去判断什么是对的，这个判断力就很重要。不能盲目从众，不然很容易迷失自己，变得很浮躁。举个例子，网上很多人讨论薪资，特别是刚入职的应届生。但实际上，决定一份工作好不好，除了薪资，还有很多维度，例如团队、业务等。薪资并不是唯一的要素，但却在大家的讨论中被无限放大。而且，决定一个人能拿多少薪资，主要取决于这个人可持续发展的能力。

所以花很多时间去聊薪资问题，其实是徒增烦恼，并不值得提倡。听起来很反主流，但实际上如果仔细思考，这个观点是有一定道理的，这种时候就需要自省的能力了——去判断当前这个工作有没有社会价值、能不能让自己成长等。每个人想要的都不一样，没有绝对好的工作，只有相对适合的工作。

利刃出鞘，精准锁定目标

文学院2022届硕士毕业生　高锦文

毕业去向：中建西部建设股份有限公司

一、成长经历

2015年，通过高考激烈的竞逐，我从一个普通的小村庄考入了河南最好的高校——郑州大学。在校期间，我通过勤奋刻苦的努力，专业课均取得绩点4.0的好成绩，平均绩点也达到了3.8，专业排名2/118，连续获2016、2017、2018学年国家励志奖学金。2019年，我又以中国古代文学专业面试第一名的成绩成功保研至上海大学中国古代文学专业。在读期间课程平均分数达到了90分以上，连续获2019、2020、2021年上海大学一等学业奖学金，2020年度上海大学优秀学生、2021年度上海大学文学院优秀干部标兵、2022年上海大学优秀毕业生等荣誉。

在上海大学学习期间，上海这座新奇的城市和上海大学这所新奇的学校开拓了我的视野，一切欣欣向荣，充满希望，在大城市奋斗的愿望在我心里悄悄地扎根下来。然而，想要留在这座城市，也要让自己具备相应的专业素养和心理素质。我开始结合自己的专业、兴趣，以及未来可能从事的岗位要求，有意识地锻炼相关能力。

潜心学术研究，感受学习乐趣。学习方面，我在抓好专业课学习的同时，也致力于培养自己的学术研究能力。入学半学期，就成功在《平顶山学院学报》发表学术论文一篇。当我看到同期发表文章的前后是副教授和中国人民大学的研究生时，深深地感到自豪。按照要求，研究生只需要公开发表一篇学术论文即可毕业。但我并没有就此止步，身为研究生就应以学习和科研为主,为了不虚度光阴,我研二又凭借自己的努力在《长江师范学院学报》发表学术论文一篇,编辑老师告诉我:"你是唯一一个在我刊发表文章,却没有项目也没有导师挂名的硕士研究生。"此外,在我所负责的暑期社会实践项目"关于革命英烈事迹弘扬和挖掘情况研究——以杨贤江为例"中独自采写完成万字人物传记,项目结项时被评为校级 B 等。专业的学术科研训练培养了我严谨的治学态度,将使我受用终生。

参与学生工作,提升综合素养。研二期间,我担任院研究生联合会科创实践部部长,负责本院科创实践的相关学生工作,组织完成了本院寒假社会实践活动、暑期社会实践活动、"挑战杯"比赛、"上汽教育杯"等。同时,协助辅导员处理研究生就业工作、研究生档案归档事宜、毕业典礼筹备以及其他学生工作。在此过程中,除了各方面实践能力的提高之外,各位院系领导和辅导员老师的敬业爱岗精神更是深深地打动了我。他们对待工作高屋建瓴的见解、对待事情用心解决的态度、对待学生发自内心的关怀,让我常会有如沐春风的感觉。不禁在心底暗暗想,无论以后走上怎样的工作岗位,都要像学院的老师们一样,做一个爱岗敬业的人。

参与志愿服务,发挥模范作用。作为一名党员,三年以来,我始终牢记"为人民服务"的宗旨,成为一名党员不是目的,而是新的开始。我积极参加各种志愿活动,服务同学,服务群众。研究生期间,担任图书馆"老上海大学革命烈士事迹挖掘"项目志愿者、心理知识竞赛志愿者、海鸥计划活动志愿者、大场镇疫苗接种志愿者、第五届吟诵大会志愿者等。在疫情特殊时期,更努力发挥好共产党员的先锋模范作用。在校园封控管理期间,担任 U1 宿舍楼学生楼长,协助网格辅导员老师管理楼栋日常工作。每日完成在楼人数统计、抗原检测、核酸检测、捐赠物资和抗疫物资的领取发放、志愿者的组织召集、突发事件的处理以及学生意见的反馈等工作,努力把应做的事做好,把应尽的责任尽到。志愿服务过程中,我更加明白了完成各项工作过程中守土有责、通力合作的重要性。

二、方向选择

明晰就业规划,顺利落实工作。转眼来到了研三,除了毕业论文,我们都还面临着找工作的压力。我开始精心制作简历,浏览上海大学就业信息网站,关注各种就业信息。由于对自我长处和短处都有清醒的认知,结合专业特点,我很早就做好了自我定位——进公司做行政。我根据自身情况和未来职业意向在学校就业信息网上进行查询,很快就锁定了两家符合我期待的单位。我分别投递了简历,两天后就收到其中一家公司的面试通知。这是我求职过程中的第一次面试,我非常慎重,提前做了很多的功课,面试过程也还算游刃有余。经过两轮面试,我收到了"面试通过"的通知。我在向辅导员咨询后,经过慎重思考和比较,很快与用人单位签署了协议。

三、经验分享

成功的求职得益于明晰的目标和平时的准备。

第一,正确认识自我,明晰目标定位。要结合自己的专业、兴趣、性格,及早确定自己的求职方向和求职目标。

第二,找准行业特点,做好能力储备。行政岗位不是技术性岗位,很容易被别人代替,为了增加自身优势,研一以来,我一直坚持自学PS、PR等软件,让自己有简单的图像处理和视频剪辑基础。软素质和硬素质的结合,才会让我们在同条件的竞争者中脱颖而出。这一点在我面试的过程中也成了我小小的加分项。面试通过后,我曾帮助公司策划、剪辑国庆节祝福视频,获得公司领导的认可,视频在总公司媒体号上发布。

第三,做好心理建设,积极心态应对。不要过度迷茫与焦虑,求职是我们每一个学生必经的阶段,像对待无数次考试一样,用积极的心态去迎接,用最大的努力去准备,一切困难都会迎刃而解。

参军入伍磨炼，养成责任意识

上海美术学院2022届硕士毕业生　冯鑫
毕业去向：上海浦东发展(集团)有限公司

一、成长经历

1994年出生于河南省周口市，2012年考入上海大学并于同年12月参军入伍，2014年12月退伍返校继续学习，2019年本科毕业并顺利保送上海大学建筑系建筑学专业继续学习，于2022年7月毕业。曾担任上海大学上海美术学院2019级研究生第一党支部组织委员、上海大学退役校友联谊会理事。服役期间，曾获师级比武个人专项第二名以及优秀士兵、优秀广播员等荣誉；在校期间，曾获校爱心金奖、学院"逐梦青春"奖、校公益爱心奖学金、校学业一等奖学金、校学业三等奖学金、上海市建筑学会新江南田园乡居设计竞赛入围奖、上海市第二届"美丽乡村"青年创意设计大赛最佳人气奖、校暑期社会实践优秀项目，以及校学生军训优秀导生称号等，入选第十三届全国美术作品展览"进京作品"。

只身求学，积极拥抱世界。我于2012年8月17日来到上海大学，独自一人乘一夜的硬座从小县城来到上海这座大都市。高考前我甚至连周口市都没出过、普通话都讲不利索，由上海站下车时，我独自背着书包，左手拉拉杆箱，右手扛蛇皮袋(里面装着被褥)，被眼前林立的高楼深深震撼。独自到上海后是茫然无措的，我不会乘地铁，且不敢随意问行人，就只能用蹩脚的普通话问警察。我沿途问了两个警察，还有公交车上一位不知道姓名的先生，最终是那位先生坐过两站车指着学校告诉我那里就是上海大学。

参军入伍,响应祖国号召。大一快结束时,看到应征入伍报名的通知,我动了心。一方面,想要响应国家号召,履行义务兵役,投身到保家卫国之壮业;另一方面,有经济方面的考虑,因为我姐姐比我早一年进入大学,农民家庭供两个大学生还是挺吃力的。尽管我知道部队会比较苦,进去后需要被推动着不断打磨,以提升能力完成任务。所以我决定逼自己一把,跳出舒适圈。家里不解我为何高考不考军校而要去服兵役,但是很庆幸他们尊重了我的选择。2012年12月17日我顺利入伍,登上北上的火车,一路向北开往辽宁。

刻苦磨炼,坚决完成任务。我有心里预期部队会比较艰苦,但我是真没想到部队竟然能如此艰苦。18日夜里,火车到沈阳,鹅毛大雪,军车拉上新兵风驰电掣开到目的地,就已经显示了部队雷厉的作风;部队是新建的营区,建筑刚建好,但是场地满是建筑垃圾,土路在雪夜里一片泥泞,颇有荒郊野外充满寂凉之感;随后点名分班,班长带着我们到食堂吃了碗热面条,然后回班里休息,我躺在床上几乎一夜未眠。那年的冬天真的很冷,最低零下三十度,每天训练都是"头上全是汗,发梢全是冰";训练很辛苦,新兵连三个月,同班一个黑龙江的战友"减肥"成功,从172斤硬生生掉到132斤。虽然训练很辛苦,但收获也很大。

新兵连结束后,我因为专业技能比较优秀被选去参加全师集训和比武。三个月的高强度训练,每天基本只睡四五个小时,我是唯一一个在比武中取得名次的义务兵,也因此受到了团、连的表彰;执行全运会圣火传递现场秩序维护的任务;连队接到大连理工大学的军训任务,我主动请缨,但因为连队有别的任务安排给我而未能如愿,颇为遗憾(因而也在退伍返校后申请了学校的军训导生,并获得认可);在执行元宵节烟火表演现场秩序维护任务时,一位年轻妈妈将她两三岁的女儿送到我的身边以便于小朋友能看到表演,当我一只手将她牢牢护住时,一瞬间明白了"人民卫士"这个称谓的含义,深深体会到了军人的责任与价值;后来由辽宁一路向西到拉萨执行驻训任务,七天六夜的绿皮车硬座和一日三餐的泡面,到达后不顾海拔影响立即展开了一场一天一夜的演习;拉萨的昼夜温差极大,但驻地是活动板房且尚未通水,夏天最长有两个半月在保持训练的情况下无法洗澡……这么多挑战,我不仅坚持下来,还尽我最大努力把它们完成得很好。曾在列兵期间获得了"优秀士兵"称号、上等兵期间获得了嘉奖等。总之,我在部队中进步很大,成长很快。

退伍返校,开启多样生活。2014年12月退伍返校,我将大部分补贴给了家里以报养育之恩,然后用剩下的钱保障生活开支以及交学杂费用。返校后感觉世界都变了,我的新室友们带着我学习,帮助我融入新生活,在他们的帮助下我逐渐跟上了节奏;在专业分流后承担了副班长一职为同学们服务,辅导员也在生活和工作上帮助我很多;校内我积极参加学校组织的献血、志愿服务、体育趣味赛等各项活动,还在2018年如愿成为一名军训导生;也多次参加校外爱心暑托班、军事夏令营、上海设计周等各种志愿活动,得到一定认可;并且一直有做兼职以实现经济自立;获益于退伍大学生保研政策,我得以顺利进入本校的建筑系继续学习,其间也在导师的带领下参加了科研项目、南大楼保护修复项目、设计竞赛等,收获颇丰;在成旦红书记和武装部老师的指导下,在何之秋学长的组织下,我有幸作为理事首次参与了上海大学退役校友联谊会的筹备与建设;读研期间辅导员黄涛老师也对我关怀备至、悉心帮助;疫情期间我也尽己所能配合学校工作,并在宿舍楼内积极承担志愿者的工作。

临近毕业回头看,我很庆幸自己能够进入上海大学并有机会参军入伍,遇到这么多优秀的老师、同学和战友指引我成长进步,成年以后自己学着承担责任实现了经济上的独立,这些经历都让我获益匪浅。

二、方向选择

在校期间最大的成长是学会了自控以及养成了责任意识,意识到自己已经是一个成年人了,必须要努力思考更多、学习更多、担负更多。当初选择建筑学作为专业和一直以来的职业理想,就是希望能通过自己的努力为国家、社会和个人创造美好的事物与生活。但考虑到设计行业的内卷程度,我结合自身特点,决定转向建设方向。

三、经验分享

我从 9 月中投出去第一份简历,一直到 12 月中签订三方协议,其间听了无数场宣讲会,投了 60 多个公司,面试了三四十次,收到了近 20 个 offer,我都做成了表格记录下来。找到工作不难,但找到满意的工作很难,一蹴而就几乎不现实。首先明确自己想做什么、可以接受做什么和绝对不要做什么,然后针对理想的和可接受的岗位去投,并不断加深行业认知、修改完善简历、积累面试经验。最终拿到什么,才开始做选择。不要一开始就苛刻地选,只是投递少量非常心仪的公司。出国、落户、考公、选调等也是这样,要早些明确规划,想好自己要往哪个方向发展,对照着目标方向一一做好准备。如果只是坐等机会守株待兔,或者临时抱佛脚,有较大概率不如意或者来不及。

第二章

综合发展练就过硬本领

响应时代呼唤，担负时代使命

材料基因组工程研究院 2021 届硕士毕业生　吴祺瑞

毕业去向：上海华虹宏力半导体制造有限公司

一、成长经历

师从高兴华副研究员，主要研究方向为微流控技术及生物材料，目前以第一作者身份发表 SCI 论文 3 篇。曾担任上海大学材料基因组工程研究院研究生会副主席，曾获得上海大学优秀学生、上海市优秀毕业生等荣誉称号，获得"永冠杯"第十届中国大学生铸造工艺设计大赛优秀奖、"皮尔博格杯"2019 年上海大学大学生铸造工艺设计竞赛二等奖等奖项。

坚持理论学习，不断锤炼品格。一直以来，我坚持政治理论学习，把政治理论学习作为把牢政治方向、提升能力素质、推动学习进步的根本途径，自觉树立和践行社会主义核心价值观，用中华民族优秀传统文化、社会主义先进文化培根铸魂、启润心智。在研究生学习阶段更是如此，在上好思政课之余，不断地从党史书籍、同辈交流中汲取进步的养分，加强道德修养和自我定力，追求更有高度、更有境界的人生。很荣幸在 2020 年 12 月成为中共预备党员，在今后的学习、生活和工作中，我将更加严于律己、坚持学习，争做优秀时代青年。

秉持勤学苦练，勇攀科研高峰。在学业上，我深刻地认识到"笨鸟先飞"的道理，只有比别人更加刻苦努力，才能够攀登好科研这座伟大的山峰。我的研究方向是微流控技术及生物材料，对这一领域我坚信坚持勤学苦练，定能收获属于自己的灿烂。

力求同频共振,培育综合素质。在做好科研的同时,我注重与学院的各项活动和工作保持同频共振,充分地利用好学院提供的良好平台,从而来推动自身综合素质的培养和提升。曾任材料基因组工程研究院2018级研究生会副主席,负责协助老师处理日常学生事务,策划文体、学术活动。如成功组织学院首届材料设计论坛,吸引了上海市各大高校的研究生踊跃报名,反响热烈;再如组织参与学校举办的"千帆跃进"系列活动并斩获三等奖。在帮助老师、服务同学之余,我在人际交往、活动策划、组织协调等多个方面的能力得到了很大的提高。这对我顺利找到工作大有裨益。

二、方向选择

响应时代呼唤,担负时代使命,在担当中历练,在尽责中成长是我们作为年轻一代义不容辞的责任。2021年,恰逢中国共产党成立100周年。我们这一届毕业生与伟大的时代同向同行,既是实现第一个百年奋斗目标的见证者,又是实现第二个百年奋斗目标的主力军。我深知作为时代青年必须要端正就业态度,立志服务社会。在求职过程中,我充分利用好学校提供的大量招聘信息和宣讲会,最终拿到华虹宏力、上海华力、天马微电子等公司的录用机会。结合自身的能力和服务社会的初心,选择华虹宏力这一家在技术上全球领先、在发展上更具潜力的公司,希望真正地能够用自身所学回馈社会、服务社会。

三、经验分享

在求职过程中,我们首先要明确自己想要做的行业和想要去的城市,有了目标有了方向就可以过滤掉很多对自己没有用的宣讲会、没用的招聘信息。我当初求职的时候也是没有想好自己以后想要从事的行业,在刚求职的时候也是海投简历,互联网公司、药企、制造业都投过,学校有宣讲会就去听,但是等自己安静下来,便会仔细想想自己适合做什么、自己的能力和求职的行业是否匹配、自己是否喜欢将要从事的行业……可能大家刚开始求职的时候都比较迷茫,不确定要从事什么行业,可以多问问自己课题组的师兄师姐们,他们所从事的行业可以作为参考。如果已经确定自己将来要从事的行业,就尽早准备起来,提前实习,积累工作经验,企业还是很看重实习经历的。平时也多了解相关的知识,关注相关行业的新闻,平时的积累会让你在面试的时候更有信心。学校或者学院举办的就业指导培训也尽可能参加,对于刚开始求职的你还是很有帮助的,可能会让迷茫中的你找到前进的方向。充分利用学校就业指导中心这个平台,多关注上海大学就业公众号发布的招聘和宣讲信息,找到自己所需要的并认真准备。

在面试的时候也要提前准备好,提前了解面试的流程和方式,例如是单面还是群面。多在网上搜一下面试经验。只有自己准备充分后,在面试时才会信心十足,才能更好地把自己最优秀的一面展示给面试官。还有我们要清楚,求职是一个双向选择的过程,既是公司选择员工,也是我们挑选公司的过程,所以在求职过程中不要把自己的地位放得太低,只有这样才能最终找到适合自己的公司。

破茧而出，化蝶飞舞

环境与化学工程学院 2021 届本科毕业生　张亚宁

毕业去向：上海浦东威立雅自来水有限公司

一、成长经历

曾任环境一班学习委员、环化学院学生会学业发展中心干事。在校期间曾获创新创业奖学金、环保节优秀志愿者称号等，曾以第五作者身份发表 SCI 期刊论文 1 篇。

在环化学院里，我结识了许多志同道合的好友、风趣幽默的老师还有善解人意的辅导员，在他们的身上我感受到了家人般的温暖。人生一趟，积极向上，当你决定去热爱这个世界、去珍惜自己的时候，你会发现自己的改变是全方位的。在大二这一年，我逐渐变得热爱学习了，上课认真听讲、课后温故知新、课外手不释卷。此外，我还爱上了健身，爱上了在每一个挥汗如雨筋疲力尽的夜晚之后第二天起床时的神清气爽。正所谓苦心人天不负，经此一年，我的绩点从 1.7 提升到 2.5 再到大二春的 3.4；我的眼中时常射出坚毅的光，那道光是我对未来的向往。以至于我的老同学见到我之后都惊呼"士别三日当刮目相看"。

如果说我大二的改变是想让自己变得更强，能够把未来把握在自己手上，那么暑假里家乡人面对愈发严重的环境污染却漠不关心的态度则深深地影响到了我，让我开始思考何为社会责任、何为担当，让我坚定走环保这条路的决心。于是，在开学之后我便加入了李小伟老师的课题组，专攻污水净化与污泥资源化利用方向。或许我无法改变这个社会，但是我希望自己用微弱的荧光照亮一点黑暗。也正是从大三开始,在保证自己学习成绩的前提之下,我开始大量地参加班级学院活动、志愿者与社会实践,希望能够为身边的人做点什么,尽我所能地让这个世界变得更好。也正是因为大二、大三这两年间我成绩的突飞猛进和为班级、学院兢兢业业、勤勤恳恳的付出,让我在大四开学不久就成了一名光荣的中国共产党党员。从今以后,我更要践行全心全意为人民服务的宗旨,以中华民族伟大复兴的中国梦为己任,不忘初心,牢记使命。

在环化学院的这三年,是收获的三年。我在这里收获了第一次上台发言、第一次学院篮球队比赛经历、第一次特色寝室荣誉、第一次优秀志愿者、第一次担任班委、第一次担任学生会干事、第一次策划年级活动、第一次参加社会实践、第一次参加科研项目、第一次发表论文、第一次担任宣讲嘉宾……是环化学院见证了我的蜕变,这里是我永远的"家"。

二、方向选择

至于工作,因为我在大三、大四这两年一直在做污水处理和污泥资源化利用方面的研究,也更能切身体会到干净的饮用水对于当今社会的重要性,所以我理想的职业都是和污水净化相关的岗位。因为我想通过自己的努力,让我们生活的社会中污水再少一点,能有更多的人喝上干净的水。如果因为我的努力,可以让自来水的水质提高一点点,也算是对得起我的岗位、对得起我身为党员应尽的社会责任感。

我签约的单位为上海浦东威立雅自来水有限公司。该公司是由上海市城市建设投资开发总公司下属的水务资产经营发展公司和法国威立雅水务集团组建而成,是中国首家集制水、输配、服务为一体的中外合资供水企业。其中,法国威立雅环境集团是当今全世界唯一入围世界500强的环保企业。

三、经验分享

我希望能有更多的人和我一样。

第一,要果断。我相信很多人像曾经的我一样,在各种虚度光阴的瞬间都有过懊悔,不要说什么下次一定,永远都要从现在做起。"合抱之木,生于毫末;九层之台,起于累土;千里之行,始于足下。"改变就是来自每天一点一点地纠错。

第二,多运动。不论是什么运动,请保证自己每天都能够动起来,这会让你充满干劲、对明天充满希望,让你摆脱现在的萎靡不振。

第三,规律作息。虽然我知道,这对绝大多数同学来说是一件不可能完成的事情,但是我想说的是,这就是跳出舒适圈的关键一步。此外,早睡早起还可以让你每一天早上起床的时候都活力四射而不是痛不欲生。

第四,放下电子设备。每天或者每周,给自己一个远离手机、电脑、平板、耳机的机会,去和这个社会、和大自然亲密接触,去倾听其他人的生活。在我看来,只有接触到这个世界,才会去爱这个世界。所以,不要把自己关在小笼子里了。

第五,看书。虽然传统书籍之中未必有网络上的文章那么抓人眼球,但在我看来,看书是最简单的让人练习静心的方法。"敌军围困万千重,我自岿然不动"是一种难能可贵、足以使我们受益终身的品质。

第六,学会独立思考。在这个信息爆炸的时代,好像独立思考都成了一件奢侈的事情,但人之所以为人,为万物之灵长,不就是因为人类有着独特的思维模式吗?学会独立思考,可以减少很多烦恼,增添许多快乐。

看上去我写得好多、好复杂,但总结起来核心思想就五个字:跳出舒适圈。只有能够钻出自缚之茧的毛虫,才能够振翼飞翔,羽化为美丽的蝴蝶。

相信自己所坚持的，
才是属于自己的正确道路

环境与化学工程学院 2021 届硕士毕业生　唐苏雯

毕业去向：上海市固体废物处置有限公司

一、成长经历

在校期间曾担任环化学院研究生党总支副书记、党支部宣传委员、环化学院兼职辅导员和"绿漾"上海大学生态文明宣讲团团长等职务，曾获 2021 年度上海市优秀毕业生、上海大学学生党员标兵、上海大学研究生优秀党务工作者、上海大学优秀学生干部、上海大学暑期社会实践先进个人等荣誉。

在进入上海大学之后，我开始接触到党务工作这一板块内容，有幸能得到学院师兄师姐及老师们的帮助与指导，从一开始的支部宣传委员的宣传工作，到学院新媒体中心的宣传工作，再到学院"党副"，再到成立"绿漾"，最后是在研三期间担任兼职辅导员，每个阶段都过得非常充实，也收获到了许多的知识和经验。

二、方向选择

党务工作是我所做的这些工作中最重要的一部分，同时也是我很喜欢的一部分。由于自己的喜爱，加上在校期间积攒下来的党建工作经验，所以我最终选择了"党务专员"这个工作岗位。

就我个人而言，如何从一名学生党务工作者快速转变为一名企业党务工作者，是一个需要认真思考的问题。当前，坚持党的领导、加强党的建设,是国有企业的"根"和"魂"。党建是做好一切工作的根本保障,抓好党建,就是党组织工作最大的政绩。在今后,想要快速将自我角色从学生党务工作者转变为国企党务工作者,只有刻苦学习、努力钻研,全面掌握党务工作知识,提高做好党务工作的基本技能和本领,才能较好地完成党的工作任务。

第一,要向讲话学习,要学习先进理论,学习党的优秀理论、思想和精神。习近平总书记系列重要讲话是一个不断发展和开放的理论体系,学习贯彻讲话精神是一个持续推进、逐步深化的过程,要在学懂弄通做实上下功夫,在学习中将先进思想做到入脑入心。要向书本学习。目前,公开出版的关于党务工作基本知识类的书籍很多,要根据自身需求和工作需要选取适合的教材系统学习,日积月累,逐步提高。

第二,要向专家学习,学习优秀经验和先进做法。这里的专家不单单是指享誉盛名的党建工作的资深专家,也是指身边的领导、同事。每一个人要取得成功,都应该虚心学习别人的长处,补自己的短处。尤其是党务工作,规范性、操作性很强,在平时工作中,要虚心向周围的同志,特别是多年从事党务工作、经验比较丰富的同志请教,把他们的经验充实到自己的知识宝库,在实践中充分地借鉴和运用。

第三,要在实践中学习,学以致用,用以促学。在进入党务岗位之后,要深入实际调查研究,熟悉本单位党组织和党员队伍的现状和特点,在党务工作的实践中不断摸索经验,熟练地掌握开展工作的具体方式方法。入职以来,我参与了多项党建工作,比如建党一百年庆祝活动、党总支换届选举工作和党建联建等,我深切体会到,不亲自参加其中,即使把书本上规定的要求和程序背得滚瓜烂熟,具体操作时还是会无所适从。

三、经验分享

第一,要明确目标。在走上求职这条路前,要明确好自己的求职方向，一定要静下心来利用一定的时间思考自己的核心竞争力的问题，要注意目标的适合度，如果目标要求过高，而个人能力又不足，就会直接被淘汰，现在很少有企业会根据人才的能力做降级处理。在明确目标后，要盯紧目标坚持下去，不要摇摆不定，什么都想抓，反而会造成一个都拿不到的结果。

第二，要敢于尝试。有些人会在准备公务员考试或者拿到企业面试通知后因为各种各样的原因选择退缩，我认为这是一种非常可惜的行为，有些时候，不到最后是真的无法预料到结局。所以，我认为但凡机会摆在面前，是你想要去争取的方向，一定不能放弃，一定要拿出自己的全力去迎战，光明就在眼前。

第三，要摆平心态。在求职过程中，难免会遇到拿不到心仪公司 offer 的情况，一定不要焦虑，要把每一次面试都当作一次经验的积累和实战的学习，面试失败后要及时总结经验，反思问题，争取在下一次的面试中取得满意的结果。或许，还会经常听到周围某些同学拿到了一些高薪的 offer，这时就要稳住心态，不要急于求成，也不要一味追求高薪而忽略了其他因素，要慎重思考后再选择去向。

关于就业这件事情，没必要将自己与其他人过度比较，适当地学习与竞争是有益的，但过度的攀比与较劲反而会影响自己。坚持自己所选择的，相信自己所坚持的，才是属于你自己的正确道路，别人怎么看你并不重要，重要的是你要做你自己，去做自己认为正确的事，凡事都必将有其最好的归宿。

梦想是注定孤独的旅程

管理学院 2021 届本科毕业生　杨鹏

毕业去向：华为技术有限公司

一、成长经历

曾获学业一等奖学金、自强不息奖学金，获暑期社会实践优秀个人、优秀学生干部、优秀毕业论文等荣誉。在 2020 年秋招中，收到拼多多、华为等多家公司 offer。作为一名少数民族预科生，从北邮到上大的轨迹，始终不忘初心，砥砺前行。

往昔时光，仍历历在目。作为一名少数民族学生，2016 年的高考奋斗岁月仿佛还在昨天，凭借自身的努力以及国家的政策，成功被上海大学预科所录取，在 2016 年的夏天前往北京邮电大学进行了一年的预科教育。在那段时光里，我和来自五湖四海的少数民族同胞们在一起学习、成长，经历了不同于高中熬灯夜战的生活。也正是那段时间让我坚定了未来的求职道路。

步入上大，梦想开始的地方。2017 年的夏天，拖着行李箱走入新世纪大学生村，社区学院醒目的横幅"梦想开始的地方"让我至今记忆犹新。在经历了一年的预科生活后，我与周围的同学相比，少了一分好奇，多了一分坚定。这一年，作为班长，我是辅导员的得力助手，作为学生会成员，我是校园活动的积极分子、校园社交达人。

学生工作，助力自身成长。从事学生工作两年的时间里，与管院团学共同成长。经历过策划案反复修改的毒打，也尝过赞助活动中遭遇"闭门羹"的苦楚；收获过院级晚会上师生的欢声笑语、部门间并肩作战的快乐。困难出现时，他们是值得信赖的朋友，情绪低落时，他们是值得倾诉的家人。能在大学期间拥有这么一帮不以获利为目的，成功一起狂、失败一起扛的家人们，我想这便是最大的幸运吧。推荐学弟学妹们大学期间一定不要宅在宿舍，多多积极参与校园活动。

二、方向选择

第一，投简历，找实习，梦想是注定孤独的旅程。

犹记得我的第一份实习的来之不易，找工作之前修改简历是必不可少的准备。你得清楚你的优劣势，你的活动经历带给你的收获是什么，是否符合工作单位招人的用户画像，你的专业知识很可能在实践中收效甚微。最终能够制作出一份合适的求职简历只是求职的第一步而已。你还要做好简历投出去石沉大海的准备，花费几小时路程去面试却铩羽而归的失落感也需要你及时消化，然后去迎接下一场面试。但是别灰心，命运总会眷顾努力的人，精心准备过后总能找到一份适合你的实习。一个小提示：和周围一起找工作的朋友多做面试角色扮演，有助于面试前思维框架的搭建和对自身经历的梳理。

第二，如何从实习中获得收获？

在秋招过程中，面试官总会有这么一些死亡拷问："你在××实习中做了哪些工作？""你在××实习中收获了哪些东西？""你为什么想要投递这个岗位？"这就需要你从以往的实习经历以及校园经历中不断加以总结。

找实习前你得知道这份实习是干什么的，能让你学会哪些技能，可以把哪些工作成果量化在以后的简历中，学到了哪些工作方法可以活学活用和以后的面试官交流自如。

举个例子，我目前在一家新能源汽车做面向C端的销售工作。我能得到的硬性收获将是汽车行业的相关知识、销售的话术以及相应流程等，隐性收获将是如何与人沟通交流拉近信任感、情商的锤炼等。每完成一份实习,花几天时间来对你这段时间的工作做一个复盘,可以增加将来找正式工作时与面试官交流的储备。

第三,找准自己的选择,别犹豫,坚定走下去。

疫情导致很多人面对秋招、春招望而却步,转而走向了考研、考公的道路。我想说的是,成功不会一蹴而就,人生也不是只有一种选择。找工作、读研、出国,哪种选择更好,无法评判。你不能只看到别人考研成功上岸,看不到别人背后日日夜夜风雨无阻的图书馆挑灯夜战。你不能只看到别人秋招拿到好几个大厂 offer,看不到别人大学实习、求职道路上的疲惫与艰辛。你不能只看到别人出国留学的风光,看不到别人语言学习时的痛苦与彷徨。

三、经验分享

第一,复盘自身经历,打磨好自身简历。一份好的简历有助于面试官对你的初步了解。以我自身为例,一份简历基本包含三大部分:第一部分是对自身情况的描述,展示教育背景等;第二部分是学校以及实习经历的概况,突出个人特质;第三部分是对自身技能情况与在校期间获奖经历的叙述。

第二,海投简历,不停地在面试过程中"打怪升级"。海投,当然不是漫无目的地投,得做到自身经历、能力特质和中意岗位的匹配。例如你比较喜欢思考事物的底层逻辑,那么产品岗会比较适合你,你比较外向喜欢和人打交道,那么营销岗契合度会更高。在确定合适的岗位后,就是不断地投递简历、笔试、面试,慢慢总结出自己的思路框架,以不变应万变。

第三,offer 选择,谨而慎行。offer 不在多而在精,因为最后你也只能接受一份工作。所以你应该结合自身情况,将薪酬、职业发展空间、工作地点、职场关系、加班程度等要素作优先级排列,最终与企业签订三方协议。毁三方烦琐且费神,劳民且伤财,一定要慎重!

全面发展,用爱守护母校

管理学院 2021 届硕士毕业生　姚欣雨

毕业去向：上海大学

一、成长经历

在校期间,曾获上海大学一等学业奖学金、上海大学第二十二届运动会混合实心球第一名、上海大学抗击疫情专项社会实践优秀项目,以及上海大学优秀学生、上海大学暑期社会实践优秀项目及先进个人、连续两届创新与新兴产业发展国际会议(IEID)优秀志愿者等奖项和荣誉。

在思想上,我系统全面学习了马列主义、毛泽东思想、邓小平理论、"三个代表"重要思想、科学发展观和习近平新时代中国特色社会主义思想,学会用正确先进的理论武装自己的头脑,树立了正确的世界观、人生观、价值观。在日常的学习与生活中,热爱祖国、遵纪守法、尊敬师长、团结同学;关注时政,通过"学习强国"等途径了解和学习党的有关动态和精神,使自己在思想和行动上与党中央保持一致,积极向党组织靠拢,我于研二上学期光荣地成为一名中共预备党员,次年如期转正。回顾过去三年,我在上大读研、在上大入党,现在又在上大工作,可以说是上海大学培养了我、深刻影响了我。

研一伊始,我跟随导师王家宝老师,每周进行至少一次学术研讨,参与翻译和校订《战略管理：概念与案例》21 版的工作;参与上海市科学技术委员会主持的、上海大学支持的高新技术企业调研工作,先后走访上海市两家高新技术企业及静安区科委等,撰写相关调研案例;还参与上海建设卓越的全球城市课题,通过收集资料、对比分析,进行部分章节的撰写。

课业之余，我担任了校研究生创新创业俱乐部竞赛项目部部长一职，将上海市、静安区及上大的竞赛与创业政策相关信息整理成册，参与策划和举办上海大学第六届"科创杯"比赛、"科创研讲台"、校园创客说、"科创先行者"评选等活动。研二暑假，我来到上海大学经济管理中心，担任上海大学紫荆谷创新创业发展辅导中心的助教，对来自港澳台和海外的30余名学员做组织协调工作，进行日报和项目总结的撰写工作。研三的时候，我成为社区学院的一名兼职辅导员，协助专职辅导员老师处理理工大类中三个班学生的日常事务，并担任课外培养中心的项目负责老师，负责国际视野和成才训练营两个项目，联系、确定任课老师，安排课程时间、地点、教学内容，对项目数据进行汇总、分析等。

作为青年党员，我积极参加各类志愿活动、文体活动和社会实践活动。在樱花盛开的顾村公园，担任上海樱花节志愿者，在顾村公园主门维持秩序、答疑解惑、疏导人群；在上海市大学生校园歌会和上海大学研究生青春歌会中，代表学校和学院与其他同学组成方阵，刻苦排练，用歌声绽放青春力量；在环球自然日全球总决赛中担任志愿者，炎炎夏日中服务好每一位前来参赛的选手；担任管理学院迎新志愿者，微笑服务每一位前来报到的上大学子；连续两届获得IEID国际会议优秀志愿者称号；在上海市编导类统考中，担任考务志愿者，服务每一位为梦想而奋斗拼搏的考生；在"感动上大 让爱回家"社区募捐中奉献自己的一份爱心……疫情期间，我向当地社区报名，成为一名疫情防控志愿者，不畏疫情，在小区门口对来往人员进行体温、住宅信息、联系方式的登记，为国家、为社会、为人民贡献自己的微薄之力。我坚信，赠人玫瑰，手有余香，热爱志愿的我，愿用爱心点亮人生。

二、方向选择

在我个人的就业选择上，因为怀揣对教育事业的热情和向往，我从研一起就立志进入高校教育行业,先后担任校级组织学生干部、助教和兼职辅导员等工作,平日里主动学习高校教育学、心理学及辅导员的相关知识,认真研读学习习近平总书记关于高等教育的相关讲话和思想主旨。在担任兼职辅导员期间,我深刻了解到辅导员这一工作的不易与真正内涵,在与学生的交流和沟通中,我学会了倾听与开导,学会了作为一名辅导员在面对不同性格不同经历的学生时应该具备的能力与素养。我将自己极大的热情投入到兼职辅导员这份工作中,在社区学院课外培养中心领导和老师的帮助下,我积极策划、组织了2020—2021学年的成才训练营项目和国际视野项目。辅导员的工作让我充满成就感的同时也收获良多、感触深刻,也更让我坚定从事高校教育事业的决心。

怀着对高校教育事业的热情和对上大母校的感情,现在的我成为上海大学一名新进教职工,因为招聘时间和顺序的关系,本着诚信原则,我选择了先录取我的行政管理岗位,放弃了辅导员的面试资格。因为我认为,不论是辅导员岗位还是行政管理岗位,都是在为这个学校的建设、为上大师生服务,特别是我进入了后勤保障部,更是在为上大师生的衣食住行负责。

三、经验分享

在工作岗位工作一段时间后,我发觉这份工作的贡献与付出不亚于辅员老师对同学们在思想上的教育和帮助。我们做着在别人看来最朴素、最生活化、最接地气的工作,为的是全校师生的生活保障和校园的安全运转。初到工作岗位的我在渐渐明晰本职工作职责的同时,也在体会着这份工作的真正内涵和匪浅意义。未来,我将坚守我的岗位,成为上海大学一名不起眼却始终坚定的螺丝钉,为上海大学的十四五规划建设奉献自身的微薄力量!

夯实就业基础，扩宽信息渠道

国际教育学院 2021 届硕士毕业生　柳杰

毕业去向：上海大学

一、成长经历

在校期间，我努力地向德才兼备、全面发展这个目标前进，不断地在学习中增长知识，在人生旅途中开阔视野，在实习实践中磨炼意志。曾获得上海大学研究生一等学业奖学金、上海大学优秀学生、上海市优秀毕业生等。我的研途生活可以总结为以下三个方面：

第一，高举红色旗帜，牢记党员担当。

作为一名青年党员，我始终坚持红色引领，高举红色旗帜，铭记党员的责任和担当。进入上大读研后，积极参与各项组织生活，在繁忙的学业中依旧不忘锻炼和提升自己。作为宣传委员的我负责支部各项动态的宣传工作，一年的宣传工作做下来，如今我已经可以快速高效地完成每一次新闻外宣工作了。

疫情期间，作为湖北人的我力所能及地投入疫情防控工作，主要完成疫情期间相关资料的上报和整理日常工作，尤其是处理线上的一些事务。同时在疫情期间我还参与了武汉市一项为受疫情影响而不能如期返校的中小学生讲诗的线上志愿服务活动，从前期筹备、方案撰写到人员选定和上岗培训，全程参与。目前该活动已与武汉市教育局某平台对接，推广到武汉市千千万万的学生家庭中了，我也因此荣获"优秀志愿者"称号。

第二，讲好中国故事，投身专业实践。

作为一名汉硕研究生,在潜心专业学习和实践的同时,我也在不断提升自己"讲好中国故事"的能力。两年来,我在专业学习上取得长足的进步,研一学年专业成绩平均分90.17,名列年级第二,连续两年荣获上海大学研究生学业一等奖学金,2020年12月获全国研究生汉语教学微课大赛一等奖。

2019年12月,我带领近十位同学参与到2020年我校中外学生新年晚会的节目筹划与排练中来,在排练过程中,我一丝不苟地对待每一个环节,最终节目表演非常成功,并获得表彰。2020年3月,线上教学期间,我参与上海大学留学生公众号汉语学习专栏建设。2020年5月,获国教院"讲好中国故事,聆听中国之声"演讲比赛一等奖。2020年12月,获上海大学优秀毕业生荣誉称号。

第三,立足研途成长,规划职业未来。

作为一名上海大学研究生,两年的研究生旅途不长,但我的成长和锻炼却不少,这些经历都让我更有勇气展望未来。研一期间,担任支部宣传委员的我参与诸如国际部党委"不忘初心 牢记使命"党员知识竞赛等各类大小型活动的筹备。2020年暑期,我作为负责人投身上海大学研究生"溯源四史 红色传承"社会实践,从团队组织、分配任务到调研开展我都全程负责和参与,这次跨度两月余的社会实践也让我真正做到知史爱党、知史爱国,做到常怀忧国之心、为国之责、强国之志。

二、方向选择

作为一名青年党员,如今也是一名高校思政工作者,我将始终做好如下几个角色:学生未来生涯的指路人、知心人和好朋友。作为辅导员,我也要做一名"篮球型"的人,被学生抢着要、争着要;而不是"排球型"选手,被推过来、打过去。这是一份有温度、有深度也有高度的工作,也是我愿意为之付出心血的一份工作,感谢上大给予我机会能够从事自己心仪的工作,我也愿为这份工作付出全部心血,为上海大学思政工作建设添砖加瓦!

第一,综合多方考量,明确就业方向。

在准备就业之前,明确自身的就业方向是第一步。于我而言,明确就业方向是一个较长的过程,在这个过程中我综合师长家人的建议,结合自身的性格特点、能力特质,考量自己在几个行业的实习经历和思考,最终确定以高校为自己的就业目标。

明确自己就业方向的这个过程并不顺利,甚至会时常在自己做好决定后又有所动摇。因此,我是在反复否定自己前一个决定的过程中做出了当下的选择。本科和研究生期间,我利用暑假及课余时间在世界五百强房企、高校、事业单位、文化工作室等不同的单位和行业从事过一定时间的实习工作,在每一段实习中所接触的人都带有明显的行业特点,在跟他们打交道的过程中,我也在不断地反思自己的性格与做事风格是否与这个行业相契合,我认为这一点十分重要。同时我也积极地请教与自己接触较多的老师和同学,听一听他们的建议,看一看他们眼中的我是什么样的,适合什么职业。综合多方建议以及自己的思考后,自己的就业方向就逐渐明晰了。

第二,夯实就业基础,扩宽信息渠道。

明确自身的就业方向之后,就进入了就业的准备阶段。由于前期明确以体制内的工作为自己的就业方向,因此在准备阶段就需要审视自己的履历及能力能否胜任该类职业。对于我所报考高校辅导员岗位来说,较为看重应聘者的综合素质,对在校期间担任主要学生组织负责人、有兼职辅导员经历、具有校级及以上获奖经历和科研及实践经历较为突出的应聘者较为青睐。因此,在本科的履历基础上我也不断查缺补漏,在读研期间积极参与社会实践、各类比赛等,不断对照招聘要求靠拢,增加获得面试机会的概率。

在求职过程中,个人的信息搜集能力在这个时候就体现得尤为重要了。在信息搜寻阶段,除关注上大的官方就业微信公众号外,我还关注了全国及上海几十所著名高校的官方就业微信公众号,在海量的微信推送中聚焦自己关注的就业行业和地区进行择优选择。此外,我也会定期同处于就业季的同学交流,尤其是外校同学,进一步拓宽自己的信息渠道来源,把握更多的就业信息。

第三,积累求职经验,做出最终选择。

综合以上两个步骤,在投递自己的简历后,需经常关注自己的邮箱是否有笔试或面试信息。如与学业冲突不大的招聘考试我都会前去参加,在这样一个过程中不断积累自己的求职经验。见过不同的面试官之后,能够帮助自己不断地完善面试准备,在后续的重要面试中尽量做到胸有成竹。在求职后期,顺利的话手中或许会有不止一份 offer,这个时候就需要自己多方权衡,结合自身的职业规划,做出当下自认为的最优解。当然,我也始终秉持着发展的眼光来看待就业,我身边有部分同学都是在第一份工作中为自己的理想职业打基础,最终都在后期择业中进入了自己的理想行业。这一思路我认为也可以参考,可以适当放缓心态,不需要太纠结于当下。

三、经验分享

第一,归纳招聘信息。在各高校的辅导员岗位简历投递过程中,我对自己意向高校的招聘网站进行汇总,将网址全部复制下来放在一个文档里,并着重标明每个高校的报名截止时间,对于不同高校的报名状态我也会用不同颜色标识,比如我会将已经报名的高校标成蓝色,未报名的高校标成红色,收到面试信息的高校标成绿色,这样每个地区的进度就会一目了然。当然前期整理的过程会很费时间,但全部总结完成后就会为后续的报名提供很多便利。因此,我建议大家如果确定好了自己的就业方向，可以对自己心仪的行业和岗位信息进行汇总，对不同进度的岗位做好相应的记号，这样就可以清晰地知晓自己当前的求职状况。

第二，整合个人信息。由于自己已经确定好了就业的方向，而不同的单位要求应聘者填写的简历信息也都大同小异，因此我在前期将自己的个人信息、学历信息、获奖情况、学生工作经历、实践及科研情况、对自身的综合评价等都全部整合在一个文档里。每次填写简历时，只需要打开该文档，在不同的网站进行复制粘贴即可，极大地节省了时间和精力。

第三，赶早不赶晚。在戏曲界有一句行话叫作"早扮三光，晚扮三慌"，说的是上台前要早早将自己的扮相扮好，临上台前再打扮的话就来不及了。这句话用在我们的求职过程中也是十分适用的，建议大家在秋招时期集中一段时间进行求职，顺利的话一般都能够找到一份工作保底，这就为后续的论文写作做好了时间准备和心理准备，因为往往在春招过程中伴随着的还有论文的压力。如果在春招阶段中仍处于茫然的求职状态的话，心态往往会十分焦灼，势必会对自己的论文写作和求职造成影响，因此建议大家在秋招中多多撒网，即使没有顺利找到工作，也积累了经验，在春招中也不会过分焦急。

及早明确职业发展方向，顺利过渡步入职场

上海美术学院 2021 届硕士毕业生　黄涛

毕业去向：上海大学

一、成长经历

我在 2012 年考入上海大学美术学院（现上海大学上海美术学院）建筑学专业就读。2017 年 7 月毕业后参加研究生支教团项目，赴甘肃省定西市支教一年，其间担任上海大学第五批研究生支教团（甘肃）分团长，负责支教团相关工作的实施与开展。

2018 年 9 月结束支教工作，返回上海大学上海美术学院就读硕士研究生，导师为李钢教授，研究方向为近代海派教堂建筑。硕士就读期间，我担任上海美术学院 2018 级研究生第四党支部书记的工作，曾获得上海市优秀毕业生、上海大学优秀学生干部、上海大学研究生优秀党员等称号，并连续获得多次研究生学业一等奖学金，参与完成三亚空管站方案设计等多个工程项目，切实完成研究生的学习与科研任务。

二、方向选择

早在本科毕业时，我就萌生了加入高校学生工作团队的念头。一年的支教经历，更让我深刻认识到世界是存在参差的，不仅是经济发展的不均衡，更多的是需要意识与观念的转变。大学时期，是青年学子世界观、人生观、价值观塑造成型的重要时期。引导学生正确认识世界和中国发展大势、正确认识时代责任和历史使命、正确认识远大抱负和脚

踏实地,成为又红又专、德才兼备、全面发展的中国特色社会主义合格建设者和可靠接班人是高校辅导员的基本要求。以此为目标开展工作,无疑是意义深远的,同时也是卓有成效的。在甘肃支教的经历,也进一步坚定了我从事这一行业的决心。扶贫需得扶智,思政教育更是重中之重。

本科时期的学生干部经历令我对辅导员工作有了初步懵懂的认识,而在研究生阶段的兼职辅导员经历,不但令我对辅导员工作有了全方位细致的了解,也让我切身体验了辅导员工作的具体开展模式。

2018年9月,我通过选拔,在上海美术学院建筑系担任本科兼职辅导员,其间负责182名建筑系本科生的思想政治教育和日常事务管理工作。及至2019年7月,我以带队教师的身份参与了上海大学学生军训工作,圆满完成了带训任务,所带连队获"通讯优秀"锦旗,个人荣获优秀带队教师称号。2019年9月开始,我在上海美术学院学生管理中心担任助理工作,较为全面地接触了学院学生工作中各条线的工作,为入职之后快速适应岗位奠定了基础。

回顾我的整个硕士学习生涯,除了较早地明确职业发展方向以外,同样重要的是和导师密切联系,勤勤恳恳完成研究生期间的学业,这是人生规划得以如愿以偿的大前提。

三、经验分享

第一,学生阶段最重要的任务是学习,无论抱着何种人生目标,若无法顺利完成学业,所有的一切都是空话。特别是近年来对于高校毕业生学术要求越来越严格的情况下,认认真真学习搞科研,这是学生时代一切理想抱负的前提。

第二,要及早规划,很多同学在选择读研时更多的抱着一种等一等、缓一缓的态度,但不可否认的是,研究生期间光阴似流水,三年时间一晃而过,若不及早规划人生、及早做准备,待到硕士毕业时,只会将迷茫的情绪进一步放大。因此,计划落户上海的同学要及早熟悉政策,对标细则积累材料;计划考公考事业单位的同学要在学习之余多多参与社会实践和学生干部工作,积累工作经验,完善履历;而对于一心搞专业的同学更要珍惜好和导师相处的时光,趁着还有引路人,利用短暂的三年时间学好本专业的学术研究方法,以期日后有所发展。

第三,研究生就读期间一定要克服惧怕与导师沟通的心理,越是惧怕越难沟通。导师是整个读研期间在学校与自己最亲密的人。和导师不应当只是学业上的教与学,应当将学业导师当作人生的导师,学习、生活、职业规划、人生理想,无所不可谈,学习那较自身所"能"者,即能避免自己走弯路。在具体的交流之中,导师也能时刻掌握学生的动态,及时调整培养模式。

学校时光并不是步入社会前的缓冲带,更应当将之当作加油站、补给厂,如此才能信心满满地投入到未来的人生之中。

早、快、实、新——成功的四字秘诀

材料科学与工程学院 2022 届硕士毕业生　别佳瑛

毕业去向：中国电子科技集团公司第二十七研究所

一、成长经历

曾获 2019、2022 年上海市优秀毕业生获得者、"我与党的十九大理论学习大比武"上海市第一名、中国扶贫基金会先锋行动家、全国高校抗疫先锋志愿者、2021 年度上海大学材料之星等。连续三年获得上海大学学业一等奖学金，发表 SCI 文章 4 篇，申请并获得发明专利 7 项，曾获中国大学生动力电池创新竞赛全国铜奖、多项国家级上海市级科研竞赛和创新创业竞赛奖项，为上海大学首位上海市五星级"6T"试点楼楼长。十佳卓越班长，百名优秀团员，社区学生标兵、社区优秀个人，优秀党员先锋。两次获校优秀学生称号，获校社会实践优秀项目 3 次，获校社会实践先进个人称号 4 次。拥有多次国家级志愿者经历，累计志愿服务时长超过 1 700 小时，为上海科技馆志愿者活动积极分子、上海大学进博会优秀志愿者、花博会双料优秀志愿者、上海大学十佳优秀志愿者。醉美上大，七载青春时光，我始终用行动诠释肩上的责任与担当，曾代表新时代青年大学生登上青春上海、青年报、上海发布、上海教育电视台、上海大学校报等宣传媒介，始终践行"芯"中的憧憬，助力科技先行。

不忘初心，牢记使命。我在担任上海大学 2015 级电科二班班长期间，以"为班级同学服务，为班级建设贡献，为班级卓越担当"的初心，形成了"醉美电二，谁与争锋"的醉美文化，将班级创建成上海大学十佳卓越班级,连续两年为班级赢得校级学生先进集体荣誉,创造28%的班级保研率,荣获2019年"材料之星"优秀集体荣誉,成为毕业季上海大学校级展示班级、毕业典礼展示班级。我成为上海大学十佳卓越班长、毕业季卓越班长。与此同时,我也是上海大学人才学院第十二期班长,"红色之旅"成果册主编,第十二期成果册主编。

我积极践行初心使命,参加2020年上海大学优秀大学生暑期挂职锻炼,并作为静安区挂职团队队长,作为唯一一名上海大学代表在2020年青年向往之城分享交流会上发言。2021年暑假在上海市杨浦区人力资源和社会保障局实习,并作为2021年上海市杨浦区大学生暑期实践营副组长、唯一上大学子获得实践营优秀营员称号。

和谐相伴,复兴相随。在党的十九大召开之后,我代表上海大学参与"我与党的十九大理论学习大比武",并在团队中担任重要角色,赢得了上海市第一名的好成绩。我将内容创作为思政情景剧,在不同场合演绎了20多次。与此同时,我是上海大学青年讲师团成员,志在带动更多的小伙伴一起学习党史,学习习近平新时代中国特色社会主义思想。

2020年新生开学季,我作为上海大学的形象代表,拍摄《泮,我们归》海报,与沪上各高校一起进行展示。携手复兴号2.0——《追梦号》回归,作为追梦号"列车长"在"泮池新声"草坪音乐节亮相,并于2020年10月开拓创新,全新演绎《复兴号——向进博出发》。

用心感受,为爱坚守。我热衷于参加各类志愿服务活动,有着一套自己的志愿工作理念:把党建融入日常实践,在志愿服务中传承发扬好党员先锋精神。2020年11月,我作为第三届中国国际进口博览会志愿者临时党支部组织委员,将志愿者团队的优势与工作目标相结合,因地制宜地制定"1314"引领计划。我作为上海市所有高校的党员志愿者代表接受领导老师发放并佩戴党员先锋岗臂章,登上青春上海宣传首页。在学习习近平总书记讲话精神的分享交流会上,作为上海市党员与志愿者代表发言,再次登上青春上海、青年报等平台。2021年5月,我作为第一批思政组组长和志愿者奔赴花博会。因为我的出色表现,被作为志愿者榜样和典范在学校各大平台宣传报道。

在校期间,我累计参与50余次志愿服务,为中国脱贫攻坚志愿者、全国大学生乡村振兴志愿者、全国大学生光盘行动倡导志愿者、全国高校食品安全宣传优秀志愿者、中国扶贫基金会先锋行动家、上海市志愿者、上海科技馆志愿者活动积极分子、上海市机器人嘉年华优秀志愿者、上海市樱花节优秀志愿者等。多重身份的我,累计志愿服务时长超过1700小时,累计志愿服务人群超过20万人次。

积极实践,投身科创。我积极实践,2018年2月担任上海大学"精准扶贫"社会实践项目团队队长、课题组组长。2018年8月担任井冈山"梦想远征"实践团副团长、课题组组长期间,所做课题荣获"全国优秀课题奖"。疫情期间,我作为团队队长和负责人,参与了上海大学抗击疫情专项社会实践活动。2021年作为负责人和队长组织团队做了主题为"芯"中的憧憬的社会实践,从专业角度为中国芯助力,项目连续三次入选上海大学社会实践示范项目、优秀项目。累计被各大宣传平台报道21次,累计观看超过1300人次。团队登上上海大学官方推送封面、校报以及唯一登上上海教育电视台宣传媒介的团队,项目成为上海市学联代表大会提案,成为极具影响力的社会实践品牌项目。

我投身科创,以第一作者身份发表了SCI文章1篇,以除导师外第一作者身份获得了发明专利授权,有2项专利为二作、3篇SCI文章为三作。2019年荣获上海大学优秀本科毕业设计。荣获第五届上海市新材料创新创意大赛二等奖、第七届新材料创新创意大赛三等奖、第八届上海市新材料大赛三等奖。荣获第六届中国国际"互联网+"创业大赛二等奖、第七届中国国际"互联网+"创业大赛银奖和铜奖。参与

2020—2021学年材料学院第二期学术报告。荣获第十二届全国大学生电子商务"创新、创意及创业"挑战赛上海大学特等奖、最佳创新奖,中国大学生"动力电池"竞赛全国铜奖。

二、方向选择

在我看来,择业的过程,一方面是自己的能力接受企业检验的过程,另一方面也是自己选择未来事业发展方向和平台的过程,是双向的。

在面试和对未来的职业规划上,学校的老师和我的导师给了我很大的帮助。导师一直告诉我,应该利用好自己的专业技术,投入到电子科学与技术中去。学校和学院就业指导老师则在我面试后心态失衡时,给予我安慰和信心。比如,看到别的同学薪资更高时,他们会告诉我,第一份工作,薪资不是最重要的,能否学到东西、平台质量如何,才是最重要的。与此同时,我也深入思考,我既然来自河南,在上大本硕求学七年,应当用专业所学贡献家乡,回到河南郑州。

中国电子科技集团公司第二十七研究所是我一个很好的选择,我的本科专业是电子科学与技术,研究生专业是微电子学与固体电子学,我立志进入其光电研发部门。二十七所担负国家神圣使命,成功参与了我国"两弹一星"、载人航天、预警机、探月工程等重大工程的研制任务,我如果能用自己的努力为国之重器贡献一份绵薄之力,那是非常荣幸的,也非常有意义,这也是我未来的目标!

三、经验分享

择业时,要提前想好自己想要的是什么,仅仅是一份稳定的工作、高薪资的工作,还是说在稳定、高薪、梦想难以兼顾的情况下,仍然追求自己的梦想,要明确下来,这样才会有明晰的就业方向。

在求职前,需要努力克服"虚假恐惧"。所谓"虚假恐惧",就是自己担心、害怕、恐惧的点,其实都是些不是问题的问题。因为对就业存在"虚假恐惧",不少同学迟迟不敢行动,导致错失大量机会。

做到"未雨绸缪",尽早开始准备面试,多参加学校组织的培训会。

给面试官留下深刻印象,非常重要。面试者有很多,给面试官留下深刻印象,才能确保自己有一定胜算。比如,你要仪表干净整洁,自我介绍时不要千篇一律,可以多些自我特色,可以俏皮活泼些。与此同时,实事求是也很重要,会就是会,不会就是不会,不要班门弄斧,硬撑。

心若有所向往,何惧道阻且长

机电工程与自动化学院 2022 届硕士毕业生　邹文辉

毕业去向:百度(中国)有限公司

一、成长经历

曾担任 2019 级控制工程班班长,在校期间多次获得省部级和国家级比赛奖项,包括:第十七届"挑战杯"全国大学生课外学术科技作品竞赛上海市一等奖、全国总决赛二等奖;第七届中国国际"互联网+"大学生创新创业大赛上海市银奖、全国铜奖;"兆易创新杯"第十五届中国研究生电子设计竞赛上海市一等奖、全国二等奖、MathsWork 专项赛三等奖;"华为杯"第十七届中国研究生数学建模竞赛全国二等奖;2020 世界机器人大赛 BCI 脑控机器人大赛技术赛全国三等奖;2021 中国传感器创新创业大赛华东赛区一等奖、全国三等奖;2020 数字中国创新大赛机器人赛道软件组华东赛区二等奖、全国二等奖;第十八届陈嘉庚青少年发明奖二等奖;2020 第二届"宝山杯"大学生创新大赛一等奖。

2019 年,我因考研初试失利,本以为读研无望,却因复试表现出色,一路逆袭 30 名被上海大学的控制工程专业顺利录取。我在入学前的暑假期间就提前跟随上海大学脑机工程研究中心的杨帮华教授团队做项目,将脑机接口技术应用于医疗康复领域,致力于为千万脑卒中患者带来康复福音,这让我找到了科研的兴趣和意义所在。之后的我,在导师的指导下,花大量时间在科研项目上,不断学习新技能增强自身能力,积极向师兄师姐请教,解决了项目中一个又一个难点,一步一个脚印,见证着我的成长与蜕变。

在樱花烂漫之际,研电赛的号角也随之吹响。因为疫情,参加研电赛充满着各种困难与挑战,但我们团队依旧排除万难,前期所做的项目让我们获得了上海赛区一等奖、全国二等奖及 MathWorks 专项赛三等奖。研电赛的获奖让我备受鼓舞,也打开了我的科创竞赛之路。

依靠在比赛实战中不断累积的经验,之后我愈战愈勇,先后参加了数学建模、数字中国创新大赛、传感器创新创业大赛等。2021 年,我又参加了"挑战杯"全国大学生课外学术科技作品竞赛以及"互联网+"创新创业大赛等,斩获了数项大奖。光鲜的背后是不懈的努力与付出。

在"挑战杯"竞赛中,参赛作品是《基于脑机接口的脑卒中多阶段康复训练系统》,采集并解码患者的脑电信号,通过意图表达功能和脑控机械臂为患者解决生活需求,视听触多反馈实现大脑主动参与的康复,由此促进患者大脑康复进而恢复肢体运动功能。

作为团队的负责人,"勇于担当"与"认真负责"是我贯彻始终的标签。我不仅要去医院采集患者脑电数据,要从极其微弱又包含许多噪声的脑电中提取有用特征,还要构建交互性好、康复模式多样的系统等。无论是前期系统设计、申报书和研究报告的撰写,还是展位及海报设计、视频设计、PPT 打磨、现场答辩等,我都尽心尽力地做好每一件事。还需要根据队员不同的特长合理分工,并时刻询问事项进展。我认为,既然决定要做,就要坚持到底。无论结果如何,都要尽力做好每一件事,才能不留遗憾。

生活中的我,是个热爱运动、热情温暖的人。我喜欢跑步,曾参加三次半程马拉松,每一次跑的成绩都在不断超越自我极限。在 2021 年 4 月的无锡马拉松中,我以 5 分 47 秒的配速跑完了 21.1 千米。也正是跑马拉松的经历也让我养成了不断坚持的习惯,只要是自己想做的事,就不会轻言放弃!

在班级里,我作为班长十分关心同学,愿意为同学们解决燃眉之急;在实验室里,我作为师兄常常关注着师弟师妹的成长,竭尽所能给予帮助。当同学或者朋友们遇到烦心事,我常常会放下自己手中的事,第一时间给予安慰。

二、方向选择

因为集中精力想将"挑战杯"打进国赛,我错过了春招找实习的机会。在互联网行业看重个人实习经历和科班专业的形势下,我身边许多同学都在大厂实习。当别人在为自己未来工作积攒经验的时候,我却在焦虑自己为了比赛而错失实习良机是否值得,为此常常失眠至凌晨三四点。"心若有所向往,何惧道阻且长。"我仔细思量之后没有继续陷入左右徘徊的困境,而是比别人更努力地缩短差距。于是白天就在图书馆刷 LeetCode、背面经、做 Java 项目、投简历做笔试等。有时候当天设定的任务没完成,我晚上就在实验室通宵,困了就用几个椅子搭个简易的"床"睡一小会,醒了又接着学,6—7 月份都在熬夜。我很平凡,但我不甘于平庸,我从不认为自己比别人差! 尽管很累,但是我就想拼搏到无能为力,才能不后悔自己的选择。最后,凭借着扎实的专业知识,我在秋招后先后斩获百度 SP、美团、携程 SP、华为、网易互娱等互联网大厂 offer。最后选择入职百度,为互联网科技应用贡献一份上大机自人的力量!

三、经验分享

无论是科研、就业、入职还是读博,每当我们进入人生的下一阶段,总会因面临各种未知的挑战产生压力。唯有坚定的行动才能对抗焦虑:对可控的事情尽力去改变,对不可控的事情保持乐观向上的心态。努力做一个知足且上进,温柔且坚定的人。与学弟学妹们共勉!

行可为之事,做有为青年

通信与信息工程学院 2022 届硕士毕业生 刘琰

毕业去向:华为技术有限公司

一、成长经历

我在上海大学读完本科后继续攻读硕士研究生。在获奖方面,我从本科开始每一年都获得上海大学学业一等奖学金以及优秀学生称号。本科毕业时获得上海市优秀毕业生称号,研究生毕业时再次获得上海市优秀毕业生称号。2021 年,还获得了国家奖学金。

在思想方面,大一时我便递交了入党申请书,最终于 2017 年 12 月 24 日成为一名光荣的中共党员。我自觉履行党员义务,遵守党的纪律,发挥党员带头作用,积极帮助老师与同学。

在学习方面,本科排名全院第五,顺利保研至本校。硕士生期间,我在 2019 学年平均成绩 90.63,最终排名全系前 2%。

科研成果方面,我在顶会 ICC2020 上发表题为"Deep Reinforcement Learning-Based Beam Tracking for Low-Latency Services in Vehicular Networks"的论文,并荣获当年最佳论文奖。2021 年 3 月,导师为第一作者、我为第二作者在二区期刊 *IEEE Transactions on Cognitive Communications and Networking*(TCCN)上发表题为"SMART: Situationally Aware Multi Agent Reinforcement Learning Based Transmissions"的论文。后续以第二作者、第三作者身份发表会议论文两篇,还有三篇以第三作者身份发表的论文正在投稿中。在我看来,成绩不等于满足,而是作为一种动力时刻督促着我成长,因此我对待学习

十分认真。

在工作方面，本科期间担任通信学院团委学生会体育部部长，后经老师同学推举成为团委学生会副主席，分管体育部与文艺部。我进入通信学院研究生院以后，就递交了团总支助理的面试申请表，并且在面试中表现良好，最终进入通信学院研究生院团总支。在经过半年的历练后，我逐渐了解了如何管理团队、如何及时下发通知、如何同老师、同学、同事打交道。在任职期间，我敬业负责，积极组织和参与活动，如生源地及校园地贷款资料收集、拿取挂号信、收团费、订阅团刊、学生副卡的收发及盖章、2019学年团日活动以及毕业班线上团组织关系转出……在这一年里我积极配合学校、学院完成各项任务。因此在换届选举中，经过指导老师、主席、书记的面试，由我担任团总支副书记，负责团总支招新工作、疫情期间部分摸排工作、"求索"奖学金材料收集工作以及新生线上团组织关系转入工作等。

二、方向选择

后续就业我选择了华为技术有限公司。2022年2月21日，央视举办"中国品牌强国盛典"，会上，华为被授予"十大国之重器"荣誉称号。华为能被评为"国之重器"，原因主要有两点：其一，华为是现在我国在高科技领域实力最强的企业。华为的5G通信技术让我国完全摆脱对国外通信企业的依赖，为全国通信及移动互联网的普及作出了巨大的贡献。麒麟芯片的问世，填补了我国在高端芯片领域的长期空白。全场景式操作系统鸿蒙的问世，首次打破国外垄断，保证了全民的信息安全。华为还自研服务器欧拉操作系统，并把这两大操作系统无偿捐献给国家，是真正的民族品牌。其二，近年来，华为不断打破国外的垄断，夺取科技研发制高点，逐渐掌握科技发展的主动权，给中国高科技企业树立了榜样，也让所有高科技企业认识到自主研发是唯一的出路，否则就只能处于行业产业链的末端。

  研究生期间，我所在实验室也与华为公司两度进行合作。第一次是合作完成了时域信道预测的项目。信道状态信息是无线通信中最基本的概念之一，它是指无线链路的已知信道特性。具体地说，信道状态信息可以描述当信号从发射机传播到其相应的接收机时，路径损耗、散射、衍射、衰落、阴影等的组合效应。因此，这些信息可以告诉我们无线链路处于良好还是不良状态。在无线通信系统中，获得准确的信道状态信息对于保证无线链路的性能至关重要。然而，随着基站处天线数量的增加，将存在导致信道状态信息处理不准确或计算延迟。此外，由于用户的移动性或硬件缺陷，也可能存在信道状态信息不准确。信道状态信息在学习时和用于波束形成时的失配被称为"信道老化"，这种失配限制了大规模多输入多输出系统的吞吐量。于是在用户移动速度较慢和较快的两种情况下，我们团队分别提出了带有频域扩展的自回归滑动平均算法和秩敏感的冗余字典压缩感知——多信号分类算法。

  第二次是合作完成了场景化信道特征挖掘及效率提升项目。为了更好地应对未来 5G 毫米波遇到的挑战，需要通过更高效的信道测量挖掘实测信道中的特征；此外，由于毫米波覆盖较差，如何使用低频信道辅助毫米波段的信道估计进而提升吞吐也是本项目的研究重点之一。因此，针对跨频段信道预测问题，我们团队首先对真实的 2.3 GHz 和 3.5 GHz 的信道进行了测量，并提出了分布式压缩感知——同时刻正交匹配追踪算法。同时为了解决圆阵问题，我们团队研究了圆阵的导向矢量，并应用在实践中。针对毫米波覆盖较差的问题，我们团队研究了智能反射面技术，首先我们对高频 14 GHz 信道进行了测量，并测量了三种不同的接收高度带来的影响，以探索智能反射面放置的最佳高度。最终我们对 14 GHz 信道测量结果进行了时延和角度的分析，初步证明测量数据无错误，但针对辅助毫米波信号覆盖的问题我们还在继续探索中。

在这两次合作过程中,我学习到了很多知识,并且间接了解了公司文化,为此我在找工作过程中就十分希望能进入华为公司。

三、经验分享

第一,不用太拘泥于本专业,有时在其他领域也能创造出一番天地。

第二,要把握好每一次展示的机会。无论面试还是笔试,都是展示自己的机会。有的公司面试次数会较少,很好地把握每次机会十分重要。

找准定位，展翅高飞

文化遗产与信息管理学院 2022 届硕士毕业生　张盼

毕业去向：上海集成电路研发中心

一、成长经历

学业上，我的课业成绩排在班级前三名，连续两年获得上海大学一等学业奖学金，并发表了省级期刊文章 1 篇，下载量达 700 余次。在校期间我还利用业余时间巩固学习了计算机知识，例如学习 Python 语言和 MongoDB 软件。

我还积极将所学应用到社会实践中，如在浙江大学、上海万方数据有限公司等联合组织的"浙江大学学术地图发布平台暑期社会实践"中协助建设地理信息数据库，包括人物生平行迹数据汇总、人物行迹散点图绘制等；在上海图书馆（上海科技情报研究所）系统网络中心研究开发部协助建设数字人文项目，如利用 OpenRefine 数据清洗、撰写 OCR 软件测评报告等。我曾连续两年参加上海大学寒假社会实践"感恩母校、回馈社会"项目，实地走访看望母校的学弟学妹们，为他们答疑解惑，鼓励他们好好学习，冲刺高考。我曾连续两年参加学院的暑期社会实践活动，第一年是中共一大会址纪念馆"十年之约"口述历史档案汇编项目，以口述资料汇编的形式展现十年来上海大学图书情报档案系师生在中共一大会址纪念馆当讲解员的经历以及心得感悟，展现十年来的服务风采和红色育人成果，传承红色记忆，采访了 40 多位历史的见证者，梳理了他们的心路历程，将其汇编成册，勉励学子勇担使命，将自身追求与国家需要结合起来，传承延续优秀红色基因和精神，不忘初心,砥砺前行。第二年我作为中共一大会址纪念馆的讲解志愿者,为在建党百年参观一大会址纪念馆的游客们进行现场讲解,这既加深了我对党史的认识和理解,也锻炼并提升了自身各方面能力。我对参加校园活动也很积极,如体育节运动会、酷跑迷你马拉松、合唱比赛、双旦晚会等。除了做中共一大会址纪念馆讲解志愿者,我还担任进博会志愿者等,我的志愿汇 APP 年度服务时长均达 100 小时以上。闲暇时间喜欢跑步、骑行、烘焙,我还会在上海这座城市里骑行,探索各种新鲜事物。

二、方向选择

我本科是计算机专业的,研究生偏向于信息资源管理。从秋招开始,我积极参加企业的宣讲会。和计算机、数据分析相关的岗位我基本都投了,至少投出去 800 份简历。因为我不想给自己设限,也想多尝试一下,所以投递简历有些多。经历过一对一面试、群面、AI 面试等,收获 11 个 offer,包括央企、国企、外企、银行、事业单位。

三、经验分享

第一,要明确自己的职业规划,聚焦求职范围。根据求职范围提升相关技能,比如计算机专业主要是编程语言数据库相关概念、知识和应用等。

第二,投递简历。简历上重点突出优点,不要一味罗列,要层次分明,有时间精力的话最好根据岗位适当修改简历,以更符合岗位要求。

第三,多面试、多准备,多了解面试公司的背景、岗位工作的内容、岗位所需的技能。面试结束后要复盘总结自己的不足,以准备下次更好地面试,而且面试多了也就知道面试官每个提问的话外之音了。道理其实很简单,求职经验看多了还是有很多相同点的,稍微面试几次自己也能摸出门道来。一定要用心,行动起来,不要只停留在眼睛会了手不会。如果有特别心仪的岗位,一定要多读岗位描述、岗位要求,在简历上就往心仪岗位靠拢,面试的时候多表现自己和这个岗位匹配度高的方面。

勇挑重担，逐梦前行

悉尼工商学院 2022 届硕士毕业生　杨牧原

毕业去向：上海市审计局（上海市专项选调生）

一、成长经历

我曾任悉尼工商学院研究生会文体部部长，获 2020 年上海市优秀毕业生称号、上海大学二等奖学金等。

在求职过程中，或许很少有同学能够从踏入大学校园的那一刻起就精准定位到自己未来的工作岗位，事实上我也是如此，但我一直在积极探索。在本科阶段我曾先后在事务所、银行、学校等单位完成了多段实习，尤其是在学校财务处的实习经历，让我对行政事业单位的财务工作有了一定的了解。

二、方向选择

在正式成为上海大学悉尼工商学院的一名研究生后，我就开始认真思考毕业后的就业方向。作为一名共产党员和学生干部，我希望能够利用自己在学校学到的专业知识去服务大众、建设祖国。结合此前的实习经历和个人兴趣，最终我报名参与专项选调，选择了公务员考试这条路。

一方面，我认为这能够更好地发挥自身的专业优势，利用自己在校期间的所学所获服务祖国。上海的专项选调按照专业将各个拟招录岗位分为五类，除了综合管理类允许各个专业的同学报考之外，其他四类原则上只接受限定专业的同学报名，这里的选择也将会影响到后续的面试问题和备选岗位。同时,作为选调生将会在进入单位之前经历两年的基层服务期,我想这也有助于更细致地观察和学习,时刻提醒自己实践对党忠诚、服务人民的伟大精神。

另一方面,我认为随着社会经济活动的日益复杂,政府审计工作被赋予了更深的意义,被广大人民所需要。这首先是由于税收来自人民,通过税收的方式把人民所有权的财产归集,人民自然就会关心自己钱的流动,因此就设立了预算,通过预算规划钱的流动,但是这个预算是否能够满足人民的要求,是否合理,需要有专门的监督机构代替人民来监督,这就需要政府审计来发挥它应有的作用。而即使预算通过了,但是在实际财政下拨过程中也可能存在一些不规范的问题,这同样需要政府审计对专项资金进行监督,比如通过追踪审计追踪财政支出资金的流动,或是通过绩效审计考核资金的使用效率。

确定方向之后,我开始认真备考。2021年上海市专项选调的招录安排是在10月份筛选简历,而后在11月初笔试,12月初面试,整体上还是非常紧凑的。同时由于专项的报名时间要早于国考和市考,很多人会选择报专项来"试水",因此简历筛选的难度相对较大,也让我感到机会渺茫。但是在学院老师的鼓励和支持下我又重新振作,对简历进行了精细化的完善。相比于面向企业的求职简历,我将更多篇幅侧重到对于学生工作和社会实践的描述上,同时简要叙述了自己与公务员岗位的匹配程度以及对未来的规划,最终顺利通过了简历筛选并获得了报名资格。

笔试分为行政职业能力测试和申论两部分内容,前者通过客观题主要考察文字运用、数据处理以及分析推理等方面的能力。后者则从归纳概括和对策建议等方面入手对十余篇材料进行分析,还包括一篇结合所有材料的议论文。在面试和考察阶段,题目则变得更加灵活,也更需要针对性的准备。在备考过程中,我关注了很多主流媒体的公众号,比如人民日报评论、半月谈和上海发布等,一方面能够大致了解当前的各种时政热点和社会话题,扩充自己的视野;另一方面也能从中摘录一些精彩的观点阐述和恰当的事例引用,丰富自己的语言。在拥有了一定的知识储备之后,我通过模拟练习将其"拼凑"成一段完整的表达,将各种事例和金句加入对于特定问题的回答之中,尽量使其条理清晰、逻辑严谨。而在适应了这类练习之后,我逐渐将自身的生活经历和身边的所见所闻也引入回答,从一个普通大学生的视角切入对社会现象的讨论,尽可能地使表达更接地气,也更容易被接受。

我入职的上海市审计局作为主管全市审计工作的政府部门,贯彻和执行有关审计工作的法律、法规、规章和方针、政策,力求在工作中践行"上善至诚、海涵睿智、审慎公正、计是求真"的上海审计精神。这些工作内容让我意识到自己所应承担的责任。

三、经验分享

结合自身经历,希望能够给计划备考的同学们一些小建议:

第一,在平时可以积极参与学校组织的一些活动或比赛,在日常学习生活中锻炼自己的表达能力和应变能力,避免考场上过于紧张。

第二,练习时可以给自己录像,以此回顾答题内容的逻辑性和流畅性,同时也有助于改掉在答题过程中身体摇晃或无意识低头等仪态问题。

第三,在时间安排妥当的前提下,可以选择多报名一些不同的公务员考试,或参与一些模拟考试,主要不在于答题的对错,而是在应试环境中找到最适合自己的答题节奏,有助于同学们更好发挥自身水平。

我要感谢辅导员老师和导师在生活和学习中给予的帮助和支持,指引了我前进的方向。感谢学校日常组织了很多求职经验分享会,感谢就业助管及时高效地向我们转发各类招考信息,为同学们的求职之路保驾护航。希望上海大学和悉尼工商学院未来能够蒸蒸日上、再创辉煌,也祝愿学弟学妹们都能找到一份满意的工作,实现对未来生活的美好畅想。

乌鸦反哺,常怀感恩之心

文学院2022届博士毕业生　岳丽

毕业去向:西北师范大学

一、成长经历

我师从陶飞亚教授,研究方向为基督教与近现代中西方文化交流。本科就读于西北师范大学,2015年保送本校攻读硕士学位,2018年进入上海大学文学院攻读博士学位。博士期间发表的文章有《加拿大传教士古约翰在中国》(《宗教学研究》2021年第2期)、《寻找思想史中的失踪者马丁·路德——〈马丁·路德著作集〉翻译研讨会综述》(《基督教文化学刊》第46辑,2021年第2期)。

结缘师大,知术欲圆,行旨须直。2011年,有幸考入西北师范大学。四年的大学时光,三年的研究生时光,除了学识方面的进步,更让我意识到即知即行、自律、坚持不懈的重要性。七年,我得到了西北师范大学历史文化学院李建国教授、尚季芳教授、郑峰副教授等多名教师的帮助。在他们的鼓励下,2018年毕业之际,我选择继续深造,参加了上海大学的博士招考。

从师大到上大。初入上大,是在桂花飘香的9月,粉色的云、晚风、虫鸣,我立马被美丽的校园环境吸引。我就读的文学院是一个朝气蓬勃、充满温暖的大家庭。辅导员宋亚丽老师曾在我困难之时向我伸出援助之手,文学院历史系的老师们如廖大伟教授、刘长林教授、王皓副教授更是给我无微不至的关怀,经常询问关心我的学习、生活状况。导师陶飞亚教授言传身教,鼓励我"三做、两能、一锻炼",思想、精神两手抓。在老师的影响下,我开始坚持阅读英文文献,视野也变得开阔,对学习和生活也有了新的思考。如果说博士生涯是一次黑夜出海旅行,导师陶飞亚教授绝对是那颗为我指明航向、给我战胜风浪信心和勇气的启明星。回望逝去的时光,因为有老师的包容、引导,我的博士求学生涯才会无比快乐,老师乐观外向的性格像一缕阳光,扫除了我生活和学习中的所有阴霾。陶老师让我明白,师者不仅要传道、授业、解惑,更重要的是要有人文关怀。即使重新选择,我依旧会选择来上海大学,跟随导师陶飞亚教授读书。

二、方向选择

梦回师大,乌鸦反哺,常怀感恩之心。"The stream of life which ebbs and flows does not seem to grow less."上大的四年转瞬即逝,2021年底,博士论文逐渐成形,我开始规划自己的人生。是继续深造还是就业?是留在江浙沪还是回家乡?思考许久,最终决定回本科母校西北师范大学就业。起点和终点并没有严格的界限,只要一息尚存,就不能扔掉手中的接力棒退出这场名为"人生"的赛跑。我想像18岁那样,听着"我的校园在黄河岸上"大步流星走在弥散着丁香花香的校园里。但不同的是,10年前我的生命在那里绽放,10年后我想用所学所思,像师大到上大一路走来培养我、包容我的恩师们一样,张开怀抱欢迎新学生,陪他们一起走青涩且美好的年华。

三、经验分享

不要轻易立下大志制定过于宏大的计划,并试图在一天之内完成它。因为夜晚的信誓旦旦,总会在第二天太阳升起时变成谎言,除非你已经可以完全掌控自己。就业亦是如此,既需要仰望星空、展望未来的魄力,也需要脚踏实地的坚韧。

要树立正确的就业观,每次投递简历前,一定要想清楚几个问题:我喜欢这份工作吗?我是否对这份工作充满期待?为了应聘成功,我还需要从哪些方面完善自己?为了获得这份工作我还需要做哪些努力?

如果应聘失败,也请你不要气馁。人生的成功从来不是一蹴而就。把就业的不顺利视为人生的重要考验,要学会反思,从失败中寻找经验。

夯实专业基础,传播优质内容

新闻传播学院 2022 届硕士毕业生　张玮

毕业去向:解放日报社

一、成长经历

在校期间的学习经历、实践经历都围绕新闻传播展开。2020 年,在精心准备考研并经历笔试、面试之后,我顺利进入了上海大学新闻传播学院就读。入学之后,我根据自己的兴趣爱好和发展规划,选择了"影视传播与新闻实务"这一研究方向。

在研究生就读期间,我的课程主要以新闻实务和纪录片类为主,包括"全媒体新闻写作""纪录片创作""电视新闻纪实作品研究"等,这些课程内容丰富、讲授专业细致,使我学习到了许多新闻传播的学科知识,为专业实践打下了很好的基础。

同时,在参与"电视新闻纪实作品研究"课程时,我有幸参与了由王晴川、余江如等老师发起的"红色传承"系列纪录片项目,有机会投入到历史纪录片的实际创作中去,与小组成员奔赴浙江、安徽等地采访拍摄,在实践中锻炼并提高了自身的专业技能。

这次项目的成果,最终成功获得了第十七届"挑战杯"全国大学生课外学术科技竞赛红色专项的全国一等奖。同时,我在项目中所创作的一集影片也成了我的个人作品,在后续的求职、就业过程中起到了很大的作用。

根据入学时的考研成绩,我获得了研究生学业三等奖学金。在学习了一年之后,基于在校期间的综合学习成绩以及参与的项目获得的各类奖项,2021年,我获得了研究生学业一等奖学金。

二、方向选择

第一,选课侧重实践,在实践中夯实专业基础。

自从入学以来,我深知学习新闻与传播专业需要通过大量的实践来提升自己的专业素质,因此在课程选择时,我为自己选择了一些可以学习到专业技能的课程,这类课程大多需要以小组或个人的形式来完成视频作品,提交结课作业。因此,以课程作业的形式,我与同学共同创作了许多作品,其中也有一些获得了奖项。其中对我影响最大的还是"红色传承"系列纪录片的创作。在这个项目中,我与小组成员共同完成了《新四军英烈的故事》这一个系列。为了更好地创作影片,我们进行了历史资料的调查,采访了烈士后代及家属,并前往主人公曾经战斗过的地方实地采访拍摄。在这个过程中,我们锻炼了专业技能,同时也学习到了许多历史知识,更加深入地了解了党史与革命史。

第二,进入专业媒体,在实习中体会新闻工作的价值。

除了校内的课程学习和专业实践,校外实习也是我学习锻炼的一个很重要的方式。进入研一下半学期,实践类课程大部分已经结课,我也结束了"红色传承"项目的工作。闲不下来的我于是又去寻找了新闻报道类的实习,通过笔试、面试,最终进入澎湃新闻网的时事新闻中心实习。

在澎湃新闻网实习期间,我参与大量的一线采访和报道工作,所操作的新闻选题覆盖全国各地,包括各类社会热点、时政报道。后又参与过一些人物类微纪录片的后期制作。校外实习的经历与校内实践又有所不同,在专业的媒体,能够接触到全国范围的新闻选题,这使我的视野更加开阔了。

但与此同时,实际参与社会热点的报道,也让我直面了各种批评声,真正领悟了在课堂中学习但并未真正体验过的新闻伦理与道德等问题。虽然实习过程中经历过许多失败与挫折,但却更加坚定了我选择新闻传播行业的决心,因为越是在困难与磨炼中,新闻的价值就愈发地凸显。

第三,树立职业理想,奉献个人能力生产优质内容。

在校期间的实践经历和校外实习经历,让我明白了内容生产工作的艰辛与不易,同时也更让我体会到,新闻传播、文化传承等内容生产工作是一种非常有价值、有意义的工作。

这种价值和意义,从个人角度,可以锻炼人的技能、提高个人专业素质,能够在每一次创作过程中都有所习得、有所领悟。比如新四军英烈的专题片让我学到了许多未曾触碰过的历史故事,而在澎湃的相关报道实习经验,也让我学会了如何更好地与不同采访对象沟通。从更加宏观的角度,创作者的每一次采访、每一篇报道、每一段视频,能够推进社会事件的变化,能够对外部世界产生影响,与世界变化息息相关——这是我所理解的新闻传播的生命力。为社会生产出优质的内容,输出优质的文化,引领正确的价值,这也是内容工作者们学习致用、奉献个人能力最好的方式。

三、经验分享

2022年是非常艰难的一个毕业季。毕业的各项学习、求职工作多多少少会受到疫情的影响。我有幸能够顺利签约,主要是因为较早开始准备求职。从2021年9月开始,我陆续投出了不少简历,有过石沉大海,有过中途被拒,好在结果不错。

由于传媒行业的特殊性,在求职过程中大部分要求有"实习考核"阶段,以检测应届生是否具备入职之后的工作技能。因此我的求职之路充斥着各种各样的实习,有影视公司、广播电台等。因为线下实习无法同时进行,因此必须要提前做取舍,当决定参加一个实习之后,其他的就只能主动放弃。

在择业过程中,也曾有过迷茫,毕竟新闻行业竞争激烈,待遇似乎也并非光鲜亮丽,因此曾考虑过是否选择其他行业。非常感谢我的导师虞国芳老师,在我纠结应该选择哪个岗位去实习的时候,虞老师根据多年经验给了我建议与指导,最终坚定了我选择媒体的初心。

每一个人的求职之路都有着自己的考量因素,但我想共通的经验可能是,求职之前首先要有自己对职业的认识与规划,这样才能帮助我们更有效地筛选公司和岗位,也能够使招聘岗位的要求与自身能力更为匹配。同时,在求职遇到困难和疑惑的时候,千万不要冲动做决定,不妨向身边的同学、老师、父母等更有经验的人寻求建议。

无论选择了怎样的工作,接受工作的不完美,努力适应工作的现状,提高自身能力的同时,尽量为社会作出自己的一份贡献,这就是最好的状态。

明确方向,学有所用

上海电影学院2022届硕士毕业生　周志鹏
毕业去向:深圳传音控股股份有限公司

一、成长经历

曾任上海电影学院数媒专业学习委员、数媒通信党支部宣传委员。研究生在校期间获上海大学新生奖学金、上海大学学业一等奖学金2次、上海大学研究生年度优秀党员先锋、上海大学优秀学生、上海市优秀毕业生等。

在思想上,我时常以身边优秀党员的标准严格要求自己,积极学习党的相关思想、方针、政策,向党组织靠拢。作为专业学习委员,我在完成自己本职工作的同时,热心帮助有困难的同学;作为数媒通信党支部的宣传委员,为了起到模范带头作用,我积极跟进党总支的思想建设工作,学习最新的党的理论知识,并及时消化,做成微信推送,以网络新媒体的方式向广大党员和团员宣传党的新思想,如"四史学习"系列活动、"网络思政教育"线上打卡活动等。

在学习上,我始终把学习放在首位,在科研的道路上脚踏实地。在校期间,我积极按照培养计划开展课程学习,成绩优良,学年综测专业第一,多次获得上海大学学业一等奖学金。科研方面,我秉着实践出真知的科研态度,积极进取,最终在导师的指导下,以第一作者和第二作者的身份在CCF A类期刊上发表学术论文2篇。科研之余,我还积极参加各种学科竞赛和数学建模大赛等,把学到的专业知识和实践相结合。在努力完善自己的科研工作的同时,我积极拓展相关知识面,多次参与学校组织的学术讲座等活动,获取学术前沿信息。

身为中共党员的我本着为同学服务的想法,在研一时就尝试参与党支部的建设工作。在担任数媒通信党支部宣传委员期间,我积极协助书记进行支部建设,多次协助筹办党总支的活动,如"伟大工程"示范党课等;负责党支部微信平台的宣传推送和维护,以及支部活动的拍摄记录工作,向外界展示数媒通信党支部的风采;负责及时跟进党总支,学习党的最新思想,并向广大党员和团员宣传;负责党支部特色党建活动——"网络思政教育"线上打卡的举办,截至目前,我一共参与举办了21期打卡活动和线上知识竞赛活动,把党课和党史学习和网络新媒体相结合,吸引了广大党员和身边同学的参与。例如在疫情期间,协助党支部上线"以行动初心打赢疫情防控阻击战"活动,举办"学四史"系列党史学习活动,宣传电视屏幕上的以及自己身边的优秀党员的事迹,并号召同学们向优秀党员看齐。

此外,我经常在课余时间参加各种志愿活动,比如作为志愿者协助学院参与筹备了2019年第十届中国电影科技论坛、第四届电影特效国际高峰论坛、"智能+"时代背景下数字创意类专业建设及人才培养研讨会、2020年第八届全国大学生数字媒体科技作品及创意竞赛全国总决赛等活动。

二、方向选择

经历了三年的学术圈的耳濡目染,我立志成为一名算法工程师。选择深圳传音控股股份有限公司,是因为恰好这个算法工程师岗位的工作内容与我研究生所学习的专业知识比较对口。我的职业理想是成为一名资深的算法专家,把学到的专业知识运用到实际生产生活中,利用科技的力量改善人们的生活体验。

秋招期间,我主要的求职方向在国企单位和各大私企,主要涉及银行证券、互联网领域。高度内卷和专业知识的相对不足是我求职过程中遇到的主要困难。为此我恶补了一些专业知识,刷题,海投简历。期间,我也会去找导师和上一届即将毕业的学长学姐,咨询一些就业信息和就业建议,扩宽自己的视野,同时也能稍微减轻自己的焦虑。

三、经验分享

第一,做好人生规划、职业规划。明确个人的发展方向,做好职业规划,多去实践。如果没有清晰的目标,建议多向导师和学长学姐们咨询交流。

第二,努力提升自己的能力,积极参加实习。在明确个人职业规划后,要根据自己期望的职业岗位描述,努力提升自己的核心竞争力。要努力参加实习,公司对实习生的要求相对较低。还有一些重要的时间节点:暑期实习3—6月申请、秋招7—9月申请、秋招补录10—11月、次年2月准备春招。

第三,多关注各类招聘渠道,多沟通。秋招期间多关注一些招聘渠道,多去找一些面试经验和总结,多与导师、学长学姐以及一些志同道合的同学沟通,毕竟找工作也是一场信息战。另外,如果没有相关实习经验,尽量海投。

第四,收集和总结面试技巧。面试初期大家肯定会缺少一些面试经验,可以选一些小公司练练手,提升自己的面试能力。面试过程一定要自信,向面试官展示自己出色的专业能力和沟通理解能力。面试失败的时候也不用太挫败,但是要多注意总结,其实面试就是两个人的沟通,沟通技巧很重要。

第三章

基层就业助力乡村振兴

当好家乡铁路线上的一颗螺丝钉

材料科学与工程学院 2021 届本科毕业生　何琛

毕业去向：中国国家铁路集团有限公司

一、成长经历

在校期间我努力发挥自己的特长，一边扎实学习学科专业知识，一边积极参加体育活动，曾获 2019—2020 学年上海大学文艺体育奖学金、2019—2020 学年上海大学领导力奖学金、2019—2020 学年上海大学飞扬奖学金、2019—2020 学年上海大学材料科学与工程学院新凯一等奖学金，以及 2018 年上海大学社区学院文体之星、2018 年上海大学运动会男子 200 米第二名、2020 年上海市联盟杯男子 4×100 米接力第三名、2019 年上海市运会男子 4×100 米第四名等。

进入大学我申请到了贫困生补助，在国家关怀下让我更加觉得要奋进才能对得起国家以及父母对我的养育之恩。转眼四年已过，大学当中每一年，我的学习成绩都有一定的进步，还拿到了奖学金。进入大学的第一年我便学习钱老校长精神，加入了学校田径社。经过一年的训练，我在大二的时候担任了社长一职，在职期间带领社团参与了多项赛事，将田径社打造成为上海大学王牌体育社团，在市级比赛中多次斩获团体第一的好成绩。进入专业学院之后，我在班级同学的推选之下担任班长职务，在这三年中，一直热衷于为同学们解决学习生活上的各种问题，让班级保持活力，保持团结。我觉得自己很幸运，可以得到学校提供的如此大的平台，可以接触到行业内的大师，可以接触到多种多样的知识。我知道我的幸运离不开很多前辈的默默付出，也许在大学期间我也可以做一个默默付出的人,因此我每年都参加无偿献血,至今已经献血 1 500 毫升,收到血液中心那一条"您所献出的血液正在运往××医院的路上"是我最开心的事,我和接受帮助的人虽不曾相识,但是"血脉相连"。这四年我愈发觉得大学存在的意义,不仅仅是让我们学习到专业知识,更是让我们开阔眼界,形成更加完整的世界观。

二、方向选择

我从云南的一个村子来到上海,看到了上海的发达,更加看到了家乡的落后,从那时起,我便下定决心毕业之后要回到家乡为家乡建设贡献自己的力量。毕业之后,我选择进入中国铁路发光发热,建设家乡。

我一直认为,我们接受高等教育的目的不是为了摆脱贫困的家乡,而是为了让家乡摆脱贫困。读书是为了走出大山,走出的应该是我们的思想,应该是我们的局限性,当我们真正走出大山所带来的局限性之后,我们要做的是回到大山,把大山建设成美丽富饶的家乡,而不是说走出大山之后永远都不回来了。在择业过程中,我看到了铁路的建设为周边地区带来的红利,让农民的农副产品可以卖出去,让旅游资源可以为更多人所知晓,所以我选择了进入铁路系统,做一颗铁路上的"螺丝钉"。根据国铁集团发布的《2020 年上半年审计报告》,2020 年上半年中国国家铁路集团有限公司净利润亏损 955.43 亿元。京沪高速铁路股份有限公司 2019 年披露的招股书显示,国铁集团下属 18 个铁路局,2/3 在亏损,仅有京沪、沪宁、宁杭、广深港、沪杭、京津六条高铁线路实现了盈利。但即使这六条铁路,也离收回投资成本相去甚远,仅仅是实现了收入大于运营成本而已。要致富,先修路。同济大学的一项研究结果表明,高铁可以显著提高沿线城市的 GDP 增长率,促进这些城市的经济发展。同时,京沪铁路带动了周边经济发展。有研究表明,高铁每投资 1 亿元,就能拉动周边 GDP 增加 1.8 亿元。所以投资 2 000

多亿元的京沪铁路,间接拉动了周边 4 000 多亿元 GDP。这就是高铁修建的意义,成为一名铁路人让我感到很自豪,看着铁路修到各个地区,让每个大山里的人都可以看到上海这样的景色,也让每个上海的人也可以看到我的家乡。

同时,我的选择还受到我父亲的影响。我的父亲是一名基层干部,他从来不存在假期,只要有需要,不管什么时候他都会立刻出现在岗位上,尤其近些年来,村镇企业越来越多,父亲需要不断协调村民与企业之间的关系,更是愈发繁忙了。以前他经常在家做饭,现在他连在家吃个饭的时间都很少了。年初由于过度劳累,他离开工作岗位两个月,那是他这么多年来最轻松的两个月。以前我不理解他的工作,现在看到村子里家家户户从土楼到洋楼,村里小汽车越来越多,我想这应该就是他所为之奋斗的理想吧。

三、经验分享

我的经验是多思考、多实践,明白选择为何而做,才能更加坚定地为之奋斗。现在建设国家的接力棒传到我们手上了!

用青春助力祖国航空事业的腾飞

材料科学与工程学院 2021 届硕士毕业生　阮家苗

毕业去向：西安航空制动科技有限公司

一、成长经历

　　珍贵的三年研究生生活已匆匆向我挥手告别，未知的生活正向我展露微笑。回顾自己所走过的路，经历的风风雨雨，都将永远定格在我的脑海里，成为人生美好记忆的一部分，其中的喜怒哀乐都将是我人生的一道亮丽的风景线，值得我去珍藏。

　　自 2018 年入学以来，我在导师孙晋良院士的带领和指导下，在师兄师姐以及同学们的帮助下，自己在思想、学习、工作等方面收获颇多。

　　思想上，我思想端正，热情努力，树立正确的世界观、人生观、价值观和利益观，同时，紧密结合践行社会主义荣辱观，时刻保持高度警惕，认清什么是该做的、什么是不该做的。

　　学习期间，我始终以提高自身的综合素质为目标，以自我的全面发展作为努力的方向，在树立正确的人生观、价值观和世界观的同时，一直秉承以刻苦的学习态度来完成全部学业，注重点滴积累，努力实践，逐渐将理论知识转化并牢固掌握以适应社会的发展，锻炼自身，完善己身，开阔眼界，用更多的知识来武装自己，让自己拥有理性的头脑，使所学可以更好地为我所用，成为一门实用的技能。在本科和研究生期间，我担任过广播台播音部部长、班级团支书、艺术团主持人部部长，获得过国家励志奖学金、五次学业奖学金、三好学生、优秀团员、英语演讲比赛一等奖、朗诵比赛小组一等奖、上海大学社区积极分子等奖励和荣誉称号。

科研工作上,我认真思考,勇于探索。同时,我的导师给予了我很多灵感,会为我的科研工作把握大方向。每周一次的组会,导师都会认真聆听我的工作进展,同时也会提出一些建议和指出一些不足。在做实验方面,我从科研小白一步步做到一丝不苟、多方面考虑实验方案并有序开展实验,最后发表EI论文1篇,顺利完成毕业要求。

二、方向选择

择业就业上,一方面深受导师孙晋良院士的启发,认识到C/C复合材料具有低密度、高强度、高模量、良好的耐烧蚀及高温特性,在固体火箭发动机喷管和飞机刹车副等航天航空工业领域有着广泛应用,具有重要研究价值;另一方面,我生于西部,也希望毕业回到西部工作,立志为西部发展作出一点贡献。同时,作为孩子,我希望让"陪伴成为最长情的告白"这句话在父母身上得到落实。因此,我愿意带着研究生所学回到西部,投身于本专业方向继续发展,希望我研究生所学能在社会上发挥一点作用。

带着这种想法,在择业过程我选择了航空工业旗下的西安航空制动科技有限公司,希望为我国军、民用飞机研制、生产航空机轮、刹车控制系统及装置、防滑刹车系列产品作出一点点贡献。

公司坚持自主创新,在新材料、新工艺、新技术的预先研究及型号应用方面取得了丰硕成果,在机轮刹车技术以及制动材料领域,始终发挥着开拓者和引导者的作用,不断填补我国在该专业领域的技术空白。其中大型镁铸件顺序结晶技术、等温精密锻造铝合金机轮、碳/碳与碳/陶刹车材料、电子防滑刹车系统、数字电传防滑刹车系统、全电刹车系统等专业技术均为国内首创,其中"碳陶飞机刹车功能复合材料的研制与应用"项目在2017年举行的国家科学技术奖励大会上,荣获国家技术发明二等奖。公司机轮刹车系统配套研制覆盖了所有国产机型,有力保障了我国各类航空装备的配套需求,为航空事业的发展作出了应有的贡献。"飞机电液自馈能刹车装置和防滑控制新技术"荣获2017年度国家技术发明二等奖,形成了具有自主产权的新技术体系,从根本上解决了我国飞机刹车系统的技术瓶颈,打破了国际技术封锁壁垒。作为即将成为公司一员的我,看到公司取得的这些成果,对我来说是一种激励,让我看到了在航空领域继续努力学习的信心。

回顾三年的研究生历程,刚进学校时如张白纸的我,在经历了许多挫折和坎坷之后,也变得更加成熟和自信,这使我明白了一个道理,人生不可能存在一帆风顺的事,只要自己勇敢地面对人生中的每一个驿站,我们就能很精彩。科研是单调的,也处处充满惊喜,你无法预测,只能不断尝试。在这个过程中,可能一无所获,此时无力感袭来,情绪厌倦、沮丧,但我还是要坚持,不知道为什么,我一定要坚持,我没有退路,失败了不可退缩,选择了不能回头。这正是科研的魅力,熬了通宵的好数据也会让我在拖着疲惫身体回宿舍的时候嘴角带着一丝微笑,让我无法自拔,走过了煎熬,便得到美好。三年中的我,也曾悲伤过、失落过、苦恼过、委屈过,这缘于我的不足和缺陷,也促使我在今后努力提高、完善自己。

三、经验分享

我想告诉师弟师妹们,第一份工作将会影响今后的工作观、工作习惯以及自身的社会竞争力。在挑选工作时不但要考虑薪水,也要看公司文化以及公司在行业的核心竞争力。公司不一定会要最优秀的人,但是一定会要最合适的人,文化决定了公司对工作、合作伙伴、员工的态度,如果不认同公司的文化,是很难长久工作下去的。可以在投简历前搜集公司的资料,可以去论坛或者找到公司的前辈去了解公司的情况,以及他们工作的感受,不要仅凭薪水多少来评价一份工作的好坏。

一片赤诚扎根基层,致力坚守服务群众

经济学院 2021 届硕士毕业生　李孜旭

毕业去向:中共江苏省委组织部(江苏省选调生)

一、成长经历

我自进入上海大学经济学院读研以来,认真学习、积极实践、乐于志愿。在学业方面,我成绩排名在专业的前列,并曾取得一等奖学金和三等奖学金。在生活中,我乐于帮助其他同学,无论是什么问题我都会尽我最大的能力去帮助他们。作为组织委员,我主要负责协助党支书开展主题党日、组织生活会与"三会一课",负责各类活动的文案撰写,也曾带领同学们参加经济学院和厦门国际银行上海分行联合党日活动。虽然学习任务繁重,但是一旦支部需要我,我总是能主动积极地站出来做好每一项任务。因此我获得了上海大学优秀学生、上海大学经济学院优秀学生党员、上海大学经济学院优秀学生党务工作者、淮安市优秀实习生等荣誉称号。

为了进一步提升自己的能力与水平,我积极参与校内任职实践。其一,2019 年 9 月底,我被选聘为上海大学党校的学生助理,在党校老师的指导下参与学校党务工作的实践。这使得我对党的认识在实践的作用下迅速转化为自身内在知识,使我受益匪浅。其二,作为宿舍楼管会的层长,我主动参与楼内各项活动,协助阿姨管理楼栋。冬至包饺子的团建活动、楼内的爱心捐款、楼内乒乓球比赛的动员开展以及例行查寝等,都少不了我的身影。其三,2020 年 2 月,我积极申报上海大学朋辈导师项目,并十分荣幸地成为一名朋辈导师,与学弟学妹们一起交流、共同进步。截至目前,我总计参与了五期朋辈导师项目,为多位学弟学妹解答考研出国、人际交往等方面疑惑。其四,我作为经济学院兼职辅导员协助研究生辅导员开展党建活动,以及材料收集等事项,锻炼了我撰写材料以及相应的组织能力。其五,我积极参与学校组织的社会实践。2019年12月,我申请了"光与影的艺术——基于上海市皮影戏的传承与发展调研"的寒假社会实践项目并成功获得校级立项。2020年2月,学校发起抗疫社会实践专项,于是我申请了"践行青年学生党员责任——基于基层疫情志愿服务中的学习与成长"的抗疫社会实践专项并成功结项。2020年7月,我申请了研究生暑期社会实践项目"从国企的发展史看新中国史与改革开放史——以南京钢铁集团有限公司为例",成功结项并被评为校级重点项目。

二、方向选择

我之所以选择走上选调生的道路,最主要原因是我在基层的三段实习经历和一段志愿经历让我感触很深,也激发了我服务基层、服务群众的热情。

第一段经历,2020年初的寒假,我回家第二天就自主到南京市江北新区大厂街道进行基层实践学习。自此一直到1月底,我成为大厂街道新华一村社区的实习生。在实践期间我主要负责党建材料撰写、慰问困难群众、调解居民矛盾等工作。

第二段经历,由于疫情我的实习中断,但是社区一直缺志愿者,于是在2020年2月3日这一天,我响应"疫情就是命令,防控就是责任"的号召,主动申请成为防疫志愿者。在一个月的志愿服务中,我每天工作将近十小时,且全程无一天休息。无论是去站好社区路口岗位,还是进户登记宣传,甚至去被隔离家庭帮忙,我都没有退缩。正是我的坚毅与勇敢,使我被评为社区优秀志愿者、上海大学优秀志愿者,获得了南京团市委颁发的证书。

第三段经历,2020年7月,我申请到国家税务总局金湖县税务局机关党委进行实习。在实习期间,我完成撰写了一篇江苏省委宣传部征集的思想政治教育工作案例,完成撰写两份活动启动仪式方案,完成撰写一篇江苏省税务局的征文,受到领导表扬。因此,获得了淮安市优秀实习生和金湖县优秀实习生的荣誉。

第四段经历,2020年8月,我申请到南京江北新区大厂街道党群工作办进行实习。在一个月的时间里,我与8家国企和26个社区沟通,完成了近3000名国企退休党员的转接工作,包括人员核对、系统接收、数据统计、错误稽查等工作并定期向领导汇报工作进度。此外,我还参与大厂街道摸排统计200多家规模以上企业团员人数、团支部情况的工作。由于工作认真,我获得了江北新区大厂街道优秀实习生的荣誉。

这些经历,使我真正了解了基层的工作,也让我结识了几位非常优秀的选调生朋友。在我自己内心的渴望下,以及他们的鼓励下,我选择走上选调生这条道路。希望我未来可以一直保持初心,在选调生的道路上继续用自己的一片赤诚之心扎根基层,服务群众。

在开始准备选调生考试的阶段,我其实不知道该怎么入手,于是我在网络平台上搜集信息,一点一点积累各类知识。就这样,我对选调生的考试越来越清晰,也在借鉴别人复习方法的基础上,形成了自己的备考方案。

在备考的中后期,我的室友开始与我一同备考,这在很大程度上改变了我孤军奋战的境况。看着身边的朋友相继找到了不错的工作,可以拿令人心动的薪水,对我的影响很大,幸好室友与我一起备考,学习中与学习外我都能与他交流,及时排解自己的情绪与烦恼。

除此之外,备考与考试中要有失败再战的勇气,我先后参加了上海专项选调考试、国考、山东省考、江苏选调、淮安人才引进、无锡人才引进、昆山人才引进等多个考试。虽然我经历了多次的失败,但是正是由于我不气馁,继续坚持,最终考上了江苏的选调生。

三、经验分享

当下考公考编已经逐渐成为应届毕业生的热门选择,但是其实很多人在选择公职人员这个岗位时,考虑得并不是很清楚。很多人抱着"大家都在考,我也去试试"的想法,有部分同学甚至是一种功利的态度。我觉得大家在选择公职岗位的时候一定要摆正心态,端正动机。想要成为公职人员,应当是我们想要为人民群众服务,想要用自己的专业来更好地建设祖国。欢迎各位有理想、有抱负、有专业水平的学弟学妹们来报考江苏省选调生!

立志成为用专业守护母亲河的英雄

上海美术学院 2021 届硕士毕业生　郭瑞琳
毕业去向：水利部黄河水利委员会

一、成长经历

2014年9月，保送至上海大学上海美术学院攻读设计学学术硕士研究生。曾获学校一等学业奖学金2次、二等学业奖学金1次。2018年，获首届中国东盟大学生短片节一等奖和最佳美术奖、第十一届全国美育教学成果展评一等奖、天津市高校"奋斗新时代，建设新天津"大学生公益广告设计大赛生态文明教育主题三等奖和最佳创意奖、"一千个无烟上海的瞬间"控烟公益宣传品征集活动平面类优胜奖。2019年，获第四届"汇创青春"上海大学文化创意作品展示活动数字媒体、动画类作品一等奖，上海大学优秀学生称号，无偿献血一次。2020年，在核心期刊《设计》上发表论文一篇。2021年，获上海大学优秀毕业生称号。

二、方向选择

从本科开始我就一直学习影视动画和影视后期方面的内容，认为只有进入像腾讯、网易这类大型游戏公司才能够使自己学以致用，不算是浪费了自己的专业技能和时间。于是在研究生期间，我注重提升自己的专业技能，通过了解腾讯和网易等公司制作游戏时的美术风格，进而对自己的画风进行改变，使自己的风格向他们靠拢。

但有时候人最深层次的执念会在关键时刻，因为一个小小的机缘而发生天翻地覆的改变。一部纪录片《航拍中国》，一次帮助设计院的朋友做项目的机会,让我对自己未来想要从事的工作方向发生了改变。也许并非一定要在顶尖的游戏公司中工作才能发挥自己的专业技能。文艺工作者是宣传和发扬文化的先锋,在新媒体迅速发展的社会,我也想要通过自己的专业能力,让更多的人看到中国的锦绣河山。"黄河宁,天下平",黄河文化是中华文明的重要组成部分,是中华民族的根和魂,要推进黄河文化遗产的系统保护,深入挖掘黄河文化蕴含的时代价值,要让黄河成为造福人民的幸福河。但是由于宣传工作的缺失,大众鲜少看到有关黄河治理的故事以及有关黄河流域历史的文章报道。于是我决定将目标由大型游戏公司转为国家单位,想要通过自己的方式为家乡关于黄河的治理进行报道与宣传。

三、经验分享

从学校向社会的迈进,需要的是从单一的学习能力往多元化的综合能力发展。比起能力来说,往往一个灵光乍现的想法更为重要,比起一个想法来说,往往一个深思熟虑的决定更为重要。人生的道路有很多条,我们可以不断去尝试,然后选取适合自己的那一条,剩下的就是在这条道路上努力前进,并且抓住机会,找到灵光乍现的那一刻。

对于艺术生来讲,国家事业单位考试算是一个难度较大的挑战。考试内容广,竞争对手多,岗位却又很少。能遇到一个专业对口的岗位是一个天大的机遇,一定要尽全力去抓住。在备考时,不仅要将精力用在主要课程上,同时也要关心时政,关心热门话题,因为这些内容都有可能出现在试卷上。要提前了解结构化面试的流程和内容,在做好充足准备的同时也要拥有良好的心态。良好的心态可以让我们在做事情的时候事半功倍。我是一个很容易焦虑的人,每逢大事,必要焦头烂额。我焦虑的原因往往是在脑中演绎出了太多的结局画面,而这些画面往往是以失败告终。因此解决焦虑最好的方式就是不去想,只专心去准备，认真做好眼前的事，不想得过分长远，只解决当下的问题。

我很喜欢法国作家罗曼·罗兰的一句话："世界上只有一种英雄主义，就是看清生活的真相之后依然热爱生活。"生活充满未知，不管面对怎样的局面，首先要让自己保持乐观。成，是对我们付出的认可。败，说明还有进步空间。抱乐观的态度，做最坏的打算，同时接受一切现实。找工作的过程会让我们经历一次又一次心态的全面崩盘，会让我们对自己的能力产生怀疑，感到前路一片黑暗。在唏嘘感叹自己人生挫败的同时，不如厚积薄发，将这些失败的经验积攒起来，不断总结反省，最后抓住机会一招制敌。毕竟最好的狩猎者就是在长期蛰伏后，一击必中。未来是不是好的并不重要，重要的是你要保证你是好的。

漫漫长路终回转，争做时代新青年

文学院 2022 届硕士毕业生　李明明

毕业去向：中共上海市崇明区委员会组织部（上海市定向选调生）

一、成长经历

在校期间成绩优异，曾获学业一等奖学金和学业二等奖学金；工作认真负责，担任 2019 级历史系研究生团支部团支书期间，支部获得上海大学五四红旗团支部、文学院优秀主题团日活动等荣誉；积极奉献，多次参与志愿活动和无偿献血，被评为上海大学优秀学生、文学院优秀学生干部。

我于 2019 年考入上海大学文学院历史系。入学伊始，我再次递交了入党申请书，并以积极的行动证明自己的入党决心。首先，我毛遂自荐，主动担起 2019 级历史系研究生团支部团支书的职责，按照"三会两制一课"的规定，完成各项团内事务。在一系列的活动中将大家凝聚在一起，享受集体活动的同时也得到共同成长，形成强烈的集体荣誉感。我们支部成功获评上海大学五四红旗团支部。其次，我每年定期参与无偿献血及各项志愿活动。我主动参与徐汇区第五人民医院的疫苗接种、上海大学红色文化战略联盟成立仪式等活动的志愿服务工作。经过党组织的教育和考察，2021 年 6 月 3 日，我终于成为一名中共预备党员，并于 2022 年 6 月 3 日如期转正。

二、方向选择

在申请成为一名中共党员并为之努力的过程中，我的思想和志向也在不断学习中发生了质变,逐渐将为人民谋利益、为民族谋复兴作为自己的人生追求。于是我有了成为一名基层公职人员的想法。

我是个执着到愚蠢的人,一旦确立了目标基本就不再考虑其他选择。备战国家公务员考试是一条漫漫长路,其中的波折坎坷、艰辛苦涩只有亲历之后方可体会。通过合理的规划,凭借沉稳的心性,加上幸运女神眷顾,我才得以通过这一系列难关。

第一阶段:筹备规划(2021年3—6月)

"凡事预则立,不预则废",考公是一项系统工程,更加需要做好计划和准备。在这一阶段,我把主要精力放在搜集信息、制定备考计划和购买学习材料等方面,并尝试去做了做试题,体会一下试卷难度。然后根据做题情况和自身知识结构特点,进行有针对性的学习,比如看网课、做专项习题,重点攻克自己的薄弱之处。

第二阶段:双管齐下(2021年7—8月)

同考研一样,暑假是极为关键的阶段,能否利用好这段时间夯实基础,对后期的冲刺至关重要。作为即将毕业的学子,我面临着毕业论文和就业的双重压力。学院要求我们重视毕业论文,尽早完成并送审,以便按时毕业。所以我在暑假期间,半天写毕业论文,半天学习公考。

双管齐下的做法看起来十分辛苦,其实两者可以相互促进,以达到事半功倍的效果。一方面,学习公考和写论文是两种不同的思维方式,对其中一种感到厌倦,可以进行转换,十分有趣且高效;另一方面,公考中申论部分,对考生的阅读理解和文字功底提出很高要求,这方面能力的提升有益于我写出逻辑严谨、语言简练的文章。

三伏天虽然炎热,却是努力耕耘的好时节。

第三阶段:不断重复(2021年9—11月)

毕业论文的主体部分在暑假已基本完成,可以放手去冲刺公考。这一阶段依然为了笔试而努力,每天都在做题、订正、反思的循环中重复,十分枯燥。

做题时我会有意遵循考场上的要求,在规定时间内完成答题。也会在自己精神疲惫困乏的时候来模拟一套题,以提升自己的应急能力,因为我无法确定在考试那天自己的状态好坏。对智力中等、天赋一般的我来说,题海战术确有必要。通过不断重复,我对考试内容烂熟于心,模拟考试的分数也基本维持在一个令人满意的程度。

第四阶段:练习面试(2021年12月—2022年2月)

2022年12月,笔试环节结束不久,我加入了一支由校内同学组建的练习选调生面试的小队。能和这群优秀的人共同进步是我莫大的幸运。我们商讨制定计划、分配任务,并在之后的一个多月时间里认真贯彻执行。

这一过程使我受益匪浅。表达能力一向是我的短板,极易紧张怯场。在经过集中训练过后,我可以自信流利地表达出内心的想法。作为一名文科生,我有着丰富的知识储备,总是苦于无法流畅表达,经此一役,我突破了自己的短板。

在正式面试时我正常发挥,总体上自我感觉良好。在踏入考场前,心情十分复杂,进去之后,我将所有的杂念抛之脑后,想象自己是一个冲锋陷阵的兵。整个答题过程就像是一场战斗,我声音洪亮、干净利索,答的内容也有出彩的地方,获得考官的频频点头。最后我顺利地通过了这一关。

考察环节(2022年2—3月)

根据惯例,面试通过后基本上大局已定,后续的考察环节是用人单位加深对考生了解的过程。在这一过程中,我主要配合崇明组织部的工作人员联系我的导师、同学、朋友,具体不再赘述。

三、经验分享

第一,好心态。如今找份称心的工作越发艰难,希望学弟学妹们在择业过程中保持自信平和,肯定自己的价值和努力,正确地面对得失。

第二,好方法。如果决定备考公务员,要早作打算,系统规划;根据自己的情况制定学习计划,查漏补缺;善于总结,跳出"题海"。

第三,好身体。身体是革命的本钱,要加倍爱惜身体,勤加锻炼。这样不仅可以释放压力,还能更高效地完成各项任务。

冲破艰险洞悉所有,开阔视野贴近生活

马克思主义学院2022届硕士毕业生　徐高阳

毕业去向:中共上海市崇明区委员会组织部(上海市定向选调生)

一、成长经历

曾获2022年上海市优秀毕业生、2021年一等学业奖学金、2020年上海大学优秀学生、2020年上海大学优秀学生记者;2021年上海大学学生社区优秀个人、2021年上海大学第十三届"自强杯"大学生课外学术科技作品竞赛优秀奖等。

第一,冲破艰险。

外部环境会给我们的职业规划和实习安排带来困难,这时候需要我们积极沟通,灵活调整。我在研一准备实习前主动与导师和辅导员沟通,他们在了解我的就业意向后,对我的培养也更具针对性,注重培养我的实践能力。这样一来,我作为文科类专业的学生,在找实习时反而更具优势,同时在实习之余还能兼顾学业,减少两者之间的冲突。

我一直使用《小狗钱钱》一书中提到的"成功日记"来应对困难。就是把一些成功的小事记录下来,当遇到困难时,通过翻阅"成功日记"来给自己加油打气,告诉自己问题会得到解决。除此之外,想象中的困难往往比实际的困难更让人害怕。所以遇到困难,我会先停止胡思乱想,防止畏难情绪出现,然后把遇到的困难用文字梳理清楚,找到问题背后的逻辑,再尝试解决。不对自己过度苛责。事情难以解决,很多时候只是因为我们暂时没有掌握相应的能力,并不意味着我们永远没法把事情做好。

第二，洞悉所有。

在实习中我也曾陷入误区，以为实习经历多就可以在众多简历中脱颖而出。实际上过多的实习不仅占用大量时间，同时对一个行业的理解会局限在一个岗位上。在学院的就业分享会上，通过了解学长学姐的求职经验，我意识到对一个岗位的深入理解才是实习的目的。掌握这一点后，我们便可以通过实习更快了解自身与岗位的契合度，对自身在该行业的发展有更深的理解。

在此期间，我始终以党员的高标准要求自己，时刻铭记做事要"实事求是"，想到青年时期的毛泽东强调"没有调查就没有发言权"，我响应"乡村振兴"战略多次前往青浦区金泽镇莲湖村开展调研，撰写了翔实的调查报告，并以课题"长三角一体化示范区的乡村振兴——以上海市青浦区金泽镇莲湖村为例"参加上海大学第十三届"自强杯"大学生课外学术竞赛。我负责撰写的提案《上海市实施〈中华人民共和国反家庭暴力法〉办法》获评 2020 年上海大学"走进人大"最佳议案，并在上海市人大常委报告厅进行审议。这些经历让我明白，青年党员要时时刻刻将人民群众的福利放到第一位，无论身居祖国何地，都要为人民谋幸福。这也促使我投身到基层工作，参与上海定向选调生的选拔。

二、方向选择

第一，开阔视野。和很多同学一样，研一时候的我并不清楚毕业后是继续升学还是就业。好在学校和学院提供了多个平台，我可以借由学院公众号旁听讲座，了解学术前沿；还可以通过上大就业公众号、上大就业信息服务网、学院的就业微信群了解到很多招聘信息。我将感兴趣的行业和招聘要求记下，对照自身条件查缺补漏，同时将好的实习、招聘信息分享给身边的同学。这一过程使我开阔了视野，进一步明确了就业方向，帮助自己提前做好就业准备。

第二,贴近生活。工作的目的不是让人变成"机器",而是借由工作更好地认识自己。学院除了结合个人择业意向培养就业能力,辅导员还会通过定期谈话了解我在就业中遇到的困难。例如在选调生的考察阶段,学院的老师和辅导员积极协调线上考察的时间,同时保证了我的三方协议按时寄出,解决就业过程中的诸多不便。正是他们这种贴近生活的工作方式影响了我,让我在就业过程中不纠结于暂时的得与失,懂得"风物长宜放眼量"。

三、经验分享

第一,我们在做出选择时总担心机会成本,但实际上人生不是非黑即白的,并非选择了 A 就一定会错过 B,A 和 B 可能都是我们沿途中的风景,只是出现的时间一前一后。所以不要害怕做出选择,而要理解每次选择都是当下的最优解。

第二,要对自身专业有一定程度的理解。我们未来从事的工作可能并不直接与专业对口,但我们对专业的理解不仅有助于我们做好工作,甚至可能是未来我们的工作方式区别于他人的一个标志。

第三,慢慢来其实会比较快,在研一专心学业可以帮助我们研二顺利完成论文,进而腾出时间准备就业。

第四章

青春之花绽放西部大地

无怨无悔做知行合一的践行者

机电工程与自动化学院2021届本科毕业生　姚家明

毕业去向：2021—2022年度上海市大学生志愿服务西部计划

一、成长经历

机械工程专业，担任机械工程一班学习委员。大四寒假过后，彼时的我还未有对未来清晰的规划，对毕业后何去何从仍是一片迷茫的状态，在就业与考研之间犹豫取舍。一方面是就业形势严峻，在网上投递简历，应聘实习生，但是因为简历不够出彩同时缺少实习经历，难以找到自己想要的工作。另一方面担心考研失败后着手求职时间紧，影响就业并增加家里的经济负担。

二、方向选择

第一，明确就业方向，面试通关西部。

从辅导员那里得知大学生西部计划正在招募西部志愿者，在了解相关的政策情况后，我果断选择了报名西部计划。

因为听说今年报名西部计划的同学比较多，竞争比较激烈，报名表提交上去后，我就开始认真准备校内初试。因为自己没有什么志愿服务经历，所以在准备自我介绍时，主要围绕自己在学生会的工作经历进行阐述。所幸在两年的学生会工作中积累了不少组织策划活动的经验，面对老师的提问都有比较充分的准备，顺利通过了初试。

复试是由市项目办组织的，虽然录取比例很低，但就我个人感觉而言，比校内初试要简单很多。复试分为笔试和面试，笔试主要考一些志愿者服务相关的知识和一些时政热点,然后是一个心理测试,给你一些要素,让你画一幅画出来。面试时可能会依据你的画对你提出相应的问题。面试是群面,十人一组,每人自我介绍一分钟后,面试官会选几个感兴趣的同学单独提问。提的问题有时会很奇怪,基本和志愿服务无关,个人猜测主要是考察面试者的精神面貌。因为听从了辅导员的建议穿上了正装,引起了面试官的注意,所以被多次提问,我自己也努力表现得自信从容不卑不亢,给面试官留下了良好的印象,最终顺利通过了复试。

第二,支援西部建设,做爱国实干家。报名西部计划除了就业选择方便的因素外,还有其他多方面的考虑。其一,为了支援国家的建设发展,这不是什么套话嘴上说说。对我而言,君子知行合一,真正的爱国者,在语言上应当提出自己的见解观点和可能的解决方案;在行动上,除了履行一名公民应尽的义务外,也应当承担一些义务之外的东西,以实际行动让这个国家向更好的方向发展。"自强不息,先天下之忧而忧,后天下之乐而乐"是本校的校训,而我也以"穷则独善其身,达则兼济天下"为座右铭。目前我国的主要矛盾是人民日益增长的美好生活需要和发展不平衡不充分之间的矛盾。共同富裕不是一句口号,而应当付诸行动,即使是小小的我,也有责任让这个国家向平等自由的方向更进一步。其二,为了趁着年轻出去多走多看,领略祖国的大好河山,同时也能借着这个机会深入西部地区的基层,深入了解欠发达地区的基层生活,让我对国家整体的发展现状能有更加清晰的认识。毛泽东在其年轻时就曾深入中国社会的各个角落,最后写成《中国各阶级的分析》,而我也想借此机会,对中国的发展现状有一份自己的认识。其三,因为我有一种新大陆的情结,而新疆对于中国来说仍然是一片尚未完全开发的地方,并且近些年随着气候的变化,中国西北地区的降水量逐渐增加,西北变暖变湿的趋势已然形成。因此新疆对我来说就是一片方兴未艾、前途光明的新大陆，我想成为这片新大陆的定居者、建设者，将这新大陆建设成一片沃土。

三、经验分享

参加西部计划要经过校内初试和市级复试，通过与否基本取决于面试时的表现。就我的经验来说，面试时表现的自信是很重要的加分点，在参加市级复试前，辅导员特意请院团委的老师指导我如何进行面试准备，传授表现自信的技巧，在最终复试时起了决定性的作用。在此感谢我的辅导员周老师和指导我的邱老师。在面试时，一定要注意自我介绍的时间控制，严格遵守规定的时间（面试时，有很多同学因为自我介绍超时被刷），介绍自己时挑选一两件经历即可，通过这些经历来介绍自己的能力，以及这些能力能在志愿服务期间起到的作用，一定要让面试官知道你为成为一名西部志愿者做好了准备。另外因为复试面试是群面，所以不仅要准备回答面试官的提问，还要准备问面试官的问题，把主动权掌握在自己手里，与面试官交流越多，能留下的印象越深，通过的概率也就越大。

关于给学弟学妹们的建议，过来人的经验能帮你们少走很多弯路，但真正适合自己的道路还是自己摸索出来的，对于未来的规划要趁早，不是每个人都有机会在迷茫时正好遇到自己想走的那条道。同时，也将"穷则独善其身，达则兼济天下"这句话与大家共勉，在未来的某一天解决好五斗米的需求之后，追求一些更多意义的东西，回首往事时，能够说出"我的生命和精力也曾奉献给了人类最伟大的事业——为全人类的解放而斗争"。

赓续红色基因,助力乡村振兴

理学院 2021 届硕士毕业生　何书法

毕业去向:2021—2022 年度上海市大学生志愿服务西部计划

一、成长经历

在上海大学意义最深远的就是被党组织接收成为一名中共预备党员。我的家乡江西省赣州市兴国县是全国著名的将军县,受家乡红色文化的熏陶和感召以及革命先辈事迹的耳濡目染,想要成为一名共产党员的想法从小就在我心里埋下了种子。在研一的时候我递交了入党申请书,并加入了理学院研究生会,积极参与各项学生活动、社会实践活动和党史理论学习,在实践中不断提高自己的综合素质。2019 年 6 月,我有幸成为理学院研究生会体育部部长,其后一年充分锻炼了我团结同学和组织领导的能力;2020 年 11 月 13 日,我通过党组织考察成为一名中共预备党员。

研究生生涯的主旋律是科研,既定科研工作与实践活动难免会有冲突,这也曾一度困扰过我,而解决这一冲突首先要改变自己固有的时间观念和行为习惯,只要科研工作未完成,早、晚抑或是午休都是科研时间。无论是实践活动还是娱乐活动,结束以后都应该回到实验室而不是寝室。克服自己的惰性去保持这一习惯,逐渐养成的这一习惯让我在科研与实践活动中找到了动态的时间平衡。然而科研上的困难不仅仅是时间上的困难,2019 年下半年开始,我的实验方案卡在核心的一步,尝试了各种方案和条件,始终没有突破。后来疫情期间隔离在家,从期刊上大量学习这个实验方案的科普综述,从零开始,从最基础的部分开始学起，从论文中发现自己之前各种尝试失败的根本原因，对相关知识也形成了脉络。2020年夏天回到学校，由于有了充实的知识储备，之前的困难也就迎刃而解了。虽然在后面的实验中也遇到了不少困难，但是从最根本的原理开始着手，发现根本原因，针对性地寻找解决方案，问题反而能够更快速地解决；如果急于从他人的类似经验中找到相同的解决办法，则容易走更多的弯路。不仅仅在科研工作中要如此，对于个人发展，具备从根本的角度上解决问题的思路也是同等重要。结合实际情况并从根本角度上解决问题，同样是近代中国发展的重要经验。

二、方向选择

我们不难发现，解决我国问题最根本的出发点还是在于农村和农民。我国的革命路线走的是农村包围城市的路线；由农村家庭联产承包制拉开了改革开放的序幕；2015年提出脱贫攻坚，至2020年全国所有贫困县均脱贫摘帽；2021年中央一号文件正式出炉，主题是"全面推进乡村振兴加快农业农村现代化"。我从小在红色革命老区的农村长大，深知农村农民生活的不易，农村需要新的青年一代去耕耘，为祖国的乡村建设添砖加瓦是我这个被农村养育长大的知识青年义不容辞的责任。临近毕业之际，我果断报名大学生志愿服务西部计划，选择的岗位是乡村教师和健康乡村，通过上海市的选拔并被分配到新疆喀什地区叶城县农业农村局。农业农村局主要负责统筹推动发展农村社会事业、农村公共服务、农村文化、农村基础设施和乡村治理，在乡村振兴的背景下，农业农村局在农村发展方面承担了更加重要的时代责任。

刚来到服务单位的时候，我也曾难以适应新疆的生活环境和单位的工作。在生活上我自己主动克服困难和团结周围的同学，慢慢地逐渐适应了这里的生活；在工作中虚心向周围的干部请教学习，总结经验,逐步提高工作能力。在农业农村局未来的工作生活中,我一定可以更加坚定自己的理想信念、明确目标方向,脚踏实地完成这个时代赋予我们这一代年轻人的责任。

三、经验分享

衷心地希望学弟学妹们在将来的就业选择中,能够充分考虑基层事业,用较短的时间充分磨炼自己的意志,增强本领,在实现中国梦的伟大实践中书写精彩的人生华章。

退伍不褪色,让青春之我在西部绽放

法学院 2021 届本科毕业生　王泰

毕业去向:2021—2022 年度上海市大学生志愿服务西部计划

一、成长经历

2016 年 9 月,为响应国家的号召、实现自己的军旅梦,投身到火热的军营中去,成为光荣的中国人民解放军的一员。从我一只脚迈进军营的那一刻,我就彻彻底底体会到了军营的生活——整齐的建筑,整齐的步伐,统一的着装,嘹亮的口号。而真正让我措手不及的是训练的开始,从白到黑,从幽静平和到摸爬滚打,从张扬个性到令行禁止,巨大的落差让我真的难以适应,而面对这种种的不适应我没有选择逃避,而是用积极的心态予以应对。因为我明白当兵就是要上战场,如果这点小小的挫折都承受不起,这最平常的苦都吃不了,又怎么算得上是合格的士兵呢?尽管很怀念大学生活的自由,但是为了让自己成为一名合格军人,在接下来三个月魔鬼般的新训生活中,我毅然选择以从实、从难、从严的标准要求自己,做到掉皮掉肉不掉队,流血流汗不流泪。"眼睛一睁,忙到熄灯"是新训生活的真实写照。

下连后意味着我已经是一名真正的军人了,但是与老兵相比还是有很大的差距,老连队除了日常的训练外,更重要的是专业技能的训练。于是我下定决心让自己变得和他们一样优秀,以军事技能拔尖的班长为榜样、以内务卫生标兵为榜样,总之,在各个方面都向优秀的人学习,向他们看齐。

专业训练的时间过得很充实,因为每次的专业训练都不知道带训班长会用什么样的方法来"督促"我们。我学的是炮兵瞄准手专业,主要是数据的快速计算和炮的操作相结合,手脑并用,力求准确无误、快速调整数据。在学习期间,经常因为数据计算错误和操作慢导致时间不合格,这时候班长就会用各种方法给我们提神醒脑,每次操练之后我们虽然身体上很累,但精神上却很兴奋,专业能力也有提升。

服役第二年,因为优秀的个人能力,我担任了班级副班长,管理班级内务卫生,并协助班长开展班级军事训练,提高班级军事训练水平。在此期间,副班长一职让我清楚地认识到军队的优良传统是如何一代代地传承下去,个人思想水平有了很大提高,对我军的认识更加深刻。

服役期间,参加两次军事演习,多次驻训、海训任务、实弹射击都圆满完成。在福建海训期间,驻地条件艰苦,发扬不怕苦不怕累的精神,团结战友,积极做好新同志的思想工作,帮助新同志完成思想上的蜕变,始终相信"理想高于天,越苦越向前"。铁打的营盘,流水的兵,两年的军旅生活伴随着自己的成长而接近尾声,我虽有万般不舍,但是依然选择了离开,离开了我的第二故乡。

光阴似箭,岁月如梭,转眼离开部队已然三年,但是部队的生活依然那么刻骨铭心。我怀念爬冰卧雪、摸爬滚打的那段日子,怀念那青春与激情碰撞的生活,怀念那以服从命令为天职的日子。

退役之后回到学校继续学业,在此期间多次参加志愿活动、无偿献血,并参加2019年7月的学校带训任务,担任教官一职,圆满完成军训带训任务,被评为"优秀教官",保持退伍不褪色的优良作风。2020年12月4日,加入中国共产党,成为党组织的一员。无论是作为群众,还是作为党员,我都严格要求自己,思想上积极进取,行动上以优秀的党员同志为榜样。

部队是个大熔炉、大学校,无论两年、五年抑或是更长的兵龄,当兵期间成长了很多、感悟到很多,从体质的改变到心智的成熟,从言谈举止到为人处事,不知不觉中,军旅的痕迹早已烙在内心深处并将伴随着我的一生!

在退伍之后转到法学院,我一直很感谢法学院给予我这个之前成绩很差的学生一个学习的机会。因为一切都是从头开始,在有的课程上难免遇到困难,但是法学院的老师和辅导员给予我很多的帮助,是他们不厌其烦地教导和鼓励使我能够度过那段艰难的日子,也让我感受到学院的关怀,对此我深怀感激之情。最后的毕业论文撰写阶段,我的指导老师杨显滨教授从开题、任务书,一直到终稿的完成,给予我细致的指导,一次又一次帮助我修改毕业论文。

二、方向选择

我报名参加了志愿服务西部计划,目的地是贵州,岗位是乡村社会治理。我从小在贵州长大,我深爱我的家乡,我曾经听过这么一句话:高等教育的目的是为了让我们帮助家乡摆脱贫困,而不是为了自己摆脱贫困的家乡。同时我也明白贵州的建设水平还有很大的提升空间,需要青年志愿者的添砖加瓦,所以我选择回到贵州去,为贵州的建设尽自己的一份力。在以后的工作中,我将谨记上海大学的校训:自强不息;先天下之忧而忧,后天下之乐而乐。

三、经验分享

李大钊先生说过:以青春之我,创建青春之国家、青春之民族。青春之年华,正是青年人发光发热的时候,从我做起去实践这句话,是共产党员应有的自我修养。

用一年不长的时间,做一件终生难忘的事

机电工程与自动化学院 2021 届硕士毕业生　杨洪鑫

毕业去向:四川省京东成都研究院

一、成长经历

"用一年不长的时间,做一件终生难忘的事",本科毕业后,我申请加入全国第 23 届研究生支教团,赴贵州省遵义市支教一年。支教期间,积极向前辈请教,尽力提升教育教学的业务能力,在较短时间内从各方面成长为一名合格的人民教师,所教学的科目成绩一直名列年级前茅。学校缺少课外兴趣班老师,我根据自己的专业特长,为同学们开设"科技创客班",深受大家喜爱。同时带领兴趣班同学踊跃参与区市的各类科创竞赛,获奖颇丰。

此外,我与支教团成员致力于支教地的扶贫工作,一年时间内多次全面走访各学生家庭,为经济困难、品学兼优的学生寻求社会资助,为学校创建书籍品类丰富的图书馆,给支教学校的孩子带来切实的帮助和温暖。所在团队因突出的支教事迹,被评为 2018 年贵州省西部计划优秀研支团。

离开贵州后,我依旧心系支教地区的学生,不定期为后进生辅导功课,亦师亦友地同他们交流。支教虽然结束,但爱与希望的传递一直都在持续。

支教结束后,我返回母校上海大学继续攻读研究生学位。在读期间,以学业为重,上好每一堂课,做好每一期课程作业,研究生期间平均成绩为 89.33/100,名列专业前茅。同时积极开展学术研究,主攻协作

机器人的控制算法，发表 EI 学术论文 1 篇，荣获 2019 年"锋狂创想家"一等奖、2020 年研究生机械创新设计大赛三等奖以及上海大学"求索奖学金"学科项目专项奖。

此外，为拓宽专业技术，以机、电、控全面发展为目标，我自学计算机和机电控制相关知识，并在多个工程项目中实践应用，包括医院仓储自动转运 AGV、膝关节前交叉韧带术后重建刚度测量平台、医药输送线自动分拣设备等项目。在这些项目中，我积极主动，按质按量完成所负责的每一个任务，为院系项目的顺利推进和完结作出了力所能及的贡献。同时，我总结在工作的过程中遇到的技术难点和解决方案，并以技术文档、博客、开源社区的形式记录下来，供团队和其他研究人员参考和交流，共同进步。

在学生工作方面，我担任校内 5 号楼楼长，以党员的身份和要求，踊跃组织和参与社区活动，协助宿管阿姨完成同学们回寝后的管理和安全工作。社区考核均获得 A，其间获 2019 年上海大学社区"积极分子"称号。

二、方向选择

国家鼓励大学生到西部就业，我相信家乡一定会有很好的发展机会。研究生毕业以后，我根据自己的专业所长以及对计算机领域的热爱，择业时主要投递了成都地区的京东和华为，经过多轮面试以及多方思考，最终选择到京东成都研究院工作。

京东定位于"以供应链为基础的技术与服务企业"，目前业务已涉及零售、科技、物流、健康、保险、产发、海外和工业品等领域。奉行客户为先、诚信、协作、感恩、拼搏、担当的价值观，以"技术为本，致力于更高效和可持续的世界"为使命，目标是成为全球最值得信赖的企业。此外，京东不忘初心，积极履行企业社会责任，在促进就业、支持新农村建设、提升社会效率、带动高质量消费、助力实体经济数字化转型、推动供给侧结构性改革等方面不断为社会作出贡献。

我希望将自己的青春,自己的一份力量,投入到自己热爱的事业,贡献给家乡企业。我认可京东的价值观,也目睹了京东的发展为社会所创造的价值,这是国家需要的企业,能成为其中的一分子,助力国家数字金融经济的发展,我深感荣幸。

三、经验分享

第一,一定要明确需求,而不是盲目从众地海投,这只会分散自身精力。不如根据自己专业特长和行业发展前景确定几个主要的职业和公司,并充分准备,针对性地参加笔试和面试,准备的东西越细,胜出的概率越高。

第二,要明白找工作是一个较为漫长的过程,而且投入和产出有明显的滞后性,所以切记不可心急,把每一场面试准备好就行,不能因为一场没发挥好就影响后面的状态。offer 会有的,只是需要点时间。

第三,要提前了解工作相关的知识和法律,例如薪酬、五险一金、公司风评等。对于初入社会的大学生,易被误导和蒙骗,所以主动和提前的学习,可提升自我保护的意识和能力。

祝愿大家都能找到自己热爱且对社会有价值的工作。

走出大山,回到大山

机电工程与自动化学院2021届本科毕业生　陈文兵

毕业去向:中建海峡建设发展有限公司

一、成长经历

我来自云南省一个偏远的小山村,我是农民的儿子,是爸妈的骄傲!我是一个乐观向上的男孩子,自小生活在农村的我就为梦想而努力奋斗着,心中的梦想一直激励着我不断向前,所以我一直勤奋学习,刻苦上进。经过十几年寒窗苦读,终于通过高考走出了大山。

人生中第一次离开家乡,步入大学校园,我对周围的一切都充满了好奇和期待,无论什么都想去尝试和争取。大一第一周的班会课上,我们班开展了评选班委的活动,高中时候非常怯场的我经过内心一番自我激励后鼓足勇气站了上去,竞选体育委员,用结巴而且不标准的普通话进行了自我介绍。虽然后面经过投票没能评选上体育委员——可能是因为自己介绍时的表现不够好,但是这次经历对我来说是一次非常大的自我突破。我始终相信,只要自己不断尝试,不断努力,一定能够得到别人的认可。2017年10月,学校开展了"新生杯"篮球比赛活动,我积极报名参加,在平时的训练和比赛中,我交到了很多好朋友,经过大家的努力,最后我们班取得了第三名的好成绩。在大一暑假的学生军训实践课程中,我毛遂自荐做连长,认真刻苦训练,以优异的表现被评为"上海大学2018年学生优秀军训学员",获得了荣誉证书。大一下学期,在学校游泳馆前台兼职,表现优异,后来被挑选进行游泳训练考取救生员证,兼职工作也从前台变成了救生员。大二下学期,鉴于我兼职工作期间一直踏实勤奋,认真负责,又被挑选去培训考取游泳教练员指导证,兼职工作又从救生员变成了游泳教练,收入也不断提高,能够满足自己的生活费。

进入大学以后,我仍不忘初心,勤奋刻苦,在学好专业知识的同时博览群书,增进自己的思维广度,利用在校的课余时间积极参与各项有意义的活动。在校期间,也获得了一些荣誉和奖项:大一学年,获评上海大学学生社区积极分子;2018年学生军训期间,获评"上海大学2018年学生优秀军训学员";2019—2021学年,获上海大学国家励志奖学金。

大四期间,由于课程非常少,我找了一份实习,在上海艺迈实业有限公司做一名助理电气工程师。在为期两个月的实习快要结束时,公司总工程师对我的评价很不错,希望我留下,考虑之后我没有接过这个橄榄枝。

二、方向选择

实习结束后,我开始了我的找工作之路。为了响应国家的号召,到西部地区就业,为祖国、为家乡的发展注入新的血液,我决定回家乡云南工作。因为我觉得我们接受高等教育的目的不是为了摆脱我们贫困的家乡,而是为了帮助我们的家乡摆脱贫困。所以尽管收到多个上海优质企业的offer,我还是将目光转向了家乡。后来又相继收到了昆药集团、云内动力、中建海峡云南片区等工作地点在昆明的offer。面对这些选择的时候,着实让我纠结了很长时间。于是我去找了我们辅导员老师,她仔细帮我分析了几家单位的利弊,同时也考虑到中建海峡的双导师制度,未来的职业发展之路十分通畅,最后选择了中建海峡。而且我发现,其实有时候我们心中已经有答案了,但就是下不了决心,此时只要有个人推动你一把,事情就会变得十分明朗。

三、经验分享

大学期间要好好学习,课余时间不要全浪费在游戏上了,要广泛发展自己的兴趣爱好,也可以做兼职、参加实习,面试的时候如果自己有丰富的经历会很受欢迎,以后踏上工作岗位有才艺也是真的很加分。我们一定要够自信,相信自己,没有什么困难可以打败自己,只有自信了,别人才会相信你。还有,尽量早早规划自己的未来,早作打算,思考清楚,坚定地朝着自己的目标前进。如果是考虑找工作的同学,投简历一定要广撒网,多投简历,多参加面试,学面试的技巧和套路,毕业前可以一直尝试,我们和企业是一个双向选择的关系,在踏上工作岗位之前,我们有权利去寻找更好的、更适合自己的岗位。

到祖国最需要的地方去

生命科学学院 2021 届本科毕业生　沙琦麟

毕业去向：中共喀什地区委员会组织部

一、成长经历

在 2017 年的那个秋季，我第一次离开生活了 17 年的故乡，来到了上海，来到了上海大学。回想当初对这所校园的陌生与新奇，仿佛这所学校有许多未知等着自己去探索。现在的我，已经对这里的环境无比熟悉，但也要离开这所学习和生活了四年的母校了。

大一时我在社区学院理工大类，当时正处于熟悉校园环境的阶段，在这一年里，我认识了很多同学和老师，学习了很多课程，参加了各种各样的活动，逐渐适应了校园生活。大二时我专业分流进入了生命科学学院，学习生物工程专业。在新的班集体里，我竞选班级团支书并成功当选。做团支书的工作一直到毕业，极大地锻炼了我，因为需要和同学交流，和辅导员老师交流。在此期间，我策划举办了多次团日活动，管理班级日常事务，组织办事能力不断进步，收获很多。我的学习成绩其实不是很优异，但我一直在追求进步，学习成绩每年都有提高，荣获过生命科学学院本科生进步奖。

大二时，我提交了入党申请书，现在已经是一名预备党员了。在这期间，通过学院党组织的培养，我学习到了很多，也收获了很多，和其他同学一起参加很多次组织生活，氛围融洽，让人难以忘怀。大学期间，我参加过一些志愿活动，比如"挑战杯"志愿活动、疫苗接种志愿服务、信鸽服务社无偿献血宣传招募活动等。参加志愿服务，既帮助了别人，也让我收获了快乐!

二、方向选择

大四的时候,对于毕业后的就业方向,我曾一度很迷茫,感觉找不到自己将来要走的路。在大学里,我也思考过自己的理想,我很想成为一名职业军人,保家卫国,将自己的一生奉献给祖国,但是考虑到自己的家庭,我不得不放弃这个想法。在大四临近毕业那几个月,我的辅导员陆晨老师给我推荐了西部专招计划,我了解具体情况后,自己也有一些兴趣,然后去听了宣讲会,觉得自己对新疆喀什地区的招录计划很感兴趣,也很适合自己。在之后一段时间里,我与父母沟通,取得了家里的同意,参加并通过了招录组的面试和审核以及体检,最终被录取为新疆喀什地区的乡镇公务员。

从开始的参加宣讲会,到最终被录取,在这长时间的过程中,我一直都是毫不犹豫,坚持要走这一条路。仔细想想,当时为什么我会如此坚定这个选择呢?总结下来有以下几点:

第一,到祖国最需要的地方去。由于政治、地理、人文等多种因素的共同作用,中国地区发展是不平衡的,已经成为影响中国经济和社会健康发展的全局性问题。习近平总书记在党的十九大报告中也指出,中国从2020年到2035年,在全面建成小康社会的基础上,基本实现社会主义现代化。全面建成小康社会覆盖的地区和人口要全面,要惠及全国人民,惠及各个地区。但是在中国发展前进的道路上,西部地区是发展相对落后的,需要有更多的人去建设西部,发展西部,这是祖国最需要人才的地方。所以我响应祖国号召,选择去西部地区工作。

第二,为人民服务。作为一名党员,全心全意为人民服务是党的宗旨,在我看来,这次专招计划是一次很好的为人民服务的机会。我希望通过自己在那边的长期工作,深入了解当地的情况,响应老百姓的需求,发展当地经济,提高老百姓的生活水平,取得一些实质性的成绩。如果受到老百姓信任和支持,我相信自己也会很有成就感和幸福感。为人民服务不是一句空话,我想把它落到实处,在自己工作的同时,能够时刻践行这一宗旨。

第三,自己想走的路。对于人的未来发展来说,选择的道路一定要对,这决定了你以后前进的方向和奋斗目标。我选择的这条道路是我自己经过深思熟虑、仔细思考过的。或许这会是一个长期的、艰难的过程,但我已经坚定了自己的理想信念,想在这条路上走下去。这也将会是我人生新的起点、新的征程。在我看来,未来的一切都是充满未知的,我带着理想信念出发,踏上西部之旅,为自己的梦想奋斗,这对于我来说意义非凡!

第四,实现自己的人生价值。实现人生价值的道路有很多条,不同人的选择是不同的。我一直很相信一句话,这句话是奥斯特洛夫斯基写的《钢铁是怎样炼成的》中提到的:"人的一生应该这样度过:当他回首往事的时候,不会因虚度年华而悔恨,也不会因碌碌无为而羞愧。"我想将自己的青春奉献给祖国,通过自己的工作建设西部、发展西部,希望自己能做出一些事情,实现自己的人生价值,不虚度年华,不碌碌无为,这才是我想要的人生!

在这里,我想感谢我的辅导员陆晨老师给予我的帮助,为我的就业提供了一个不错的方向。如果没有陆晨老师的指引,我不会走上这条道路。

三、经验分享

对于学弟学妹们,我想给你们的就业建议是:看起来好的路不如适合自己的路,适合自己的路不如自己想走的路。其实无论走上哪条路,无论在什么岗位,时刻记住,走上了这条路,能走多远就走多远,向着终点一直走下去吧!人这一辈子能取得多大的成就主要靠的是自己的努力,记住上海大学的校训——自强不息!

听从内心选择,参与家乡建设

管理学院 2021 届硕士毕业生　闻雯
毕业去向:广西北投口岸投资集团有限公司

一、成长经历

2014 年起,我离开家乡到上海求学,在上海大学管理学院度过了从本科到研究生的难忘时光。我在本科期间便对学术研究充满兴趣,曾在大二参加了"中国 iPhone 消费者行为"研究项目,初次打开学术的大门;随后在大四阶段,在于晓宇老师的支持下,我在本科毕业论文的研究中将脑电技术融入创业研究,探索了创业老手与新手之间的思维差异并完成毕业论文,最终获评 2018 年优秀毕业论文。本科期间,我还获得了上海大学领导力奖学金、上海大学创新创业奖学金、上海大学学业一等奖学金、上海大学学生羽毛球比赛团体第四名、上海市优秀毕业生等奖项。

进入研究生阶段后,我积极参加创业激情、创业失败、神经创业学等多项研究课题,曾在 2020 年 AOM 管理学年会、中国创新与企业成长会议等国内外权威会议上汇报研究成果。我还积极地参与创新创业相关的教学工作,发表教学案例 1 篇,获评"全国百篇优秀管理案例";参与《神经创业学:研究方法与实验设计》《创业认知:解密创业者的心智模式》等书籍的编著工作。在校期间,我曾获国家奖学金、研究生学业一等奖学金、第十届"全国百篇优秀管理案例"、"中国创新与企业成长 2019 年度会议"优秀论文奖等奖项。将近七年的求学生涯,使我的认知结构不断拓展和完善,也让我的情绪管理能力、毅力和自信得到了充分的培养。

二、方向选择

时光荏苒,在上海大学的近七年时光到了尾声,我又来到了人生抉择的十字路口。面对未来,我曾迷茫、纠结,在导师于晓宇教授的帮助下,我理清了内心所想,最终选择回到家乡广西就业。希望我的经历能够给正在或者未来即将面对就业选择的同学们提供一些帮助。

职业类型、城市、企业……就业摆在我面前的组合选项繁多,似乎每一项都很重要,但现实却是无法完全兼顾。在我感到迷茫之际,于老师的嘱咐提醒了我:"人生三件大事——自我、事业和家庭,对于每个人而言都有不同的重要性排序。"是啊,归根结底,再多的选项,不就是围绕着这三件大事吗?于是,我化繁为简,排除其他纷繁多样的选项,而是仅仅考虑自我、事业和家庭对我的重要性程度。对于我而言,家庭排在首位,因为家庭是我努力奋斗的基石,正是有家庭在背后予以的支持和鼓励,我才能勇敢而无畏地一直向前奔跑;其次是自我,唯有自我的不断成长和成熟,我才会体会到深远、长久的快乐;最后是事业,既是反哺家庭的方式,也是锻炼与完善自我的途径。

由此,我逐渐想通了,我的就业应围绕着家庭做出选择,在此基础上寻求自我的成长与事业的成功。于是,"回家"成了就业的首要选择,我决定回到自己热爱自己的家乡——广西。在上海求学的七年里,我心里始终挂念着家乡的壮美山水、亲切乡音与嘹亮山歌。从小在广西长大,我既体验到生活水平日益提高的欣喜,也目睹过部分人民生活质量有待改善的无奈。家乡的养育让我深怀感恩,我渴望投入自己的一份力量,让家乡人民的生活越过越好。建设家乡,既能让我的"自我"获得新的升华,也能使我的"事业"登上新的高度。

几经查找、了解与争取,是缘分也是幸运,在 2020 年末,我与广西北投口岸投资集团有限公司（简称"口岸集团"）签约了工作。口岸集团的业务与发展，让我看到了自己为家乡作出贡献的可能性。广西毗邻越南，面向东南亚，是全国唯一与东盟国家陆海相连的省区，具备着突出的区位优势，在跨国经济贸易上大有可为。然而，广西的人均GDP仍处于全国中下游水平，在大陆沿海省区中排名倒数第一，这表明广西的优势并未得到充分发挥，这一片沃土急需开垦与探索。而口岸集团正是广西边境公路口岸最大的投资运营企业，以口岸商贸物流作为主要业务，致力于以"口岸＋"模式高质量推进产业园区、供应链体系建设，拓展边境（国际）贸易、跨境物流、口岸数据信息化应用、跨境金融等业务，紧抓"一带一路"建设及西部陆海新通道等政策机遇。签约口岸集团，让我有机会成为一名广西的"口岸人"，从口岸商贸物流的方向努力为广西的发展献力。

三、经验分享

我的看法是根据自己对家庭、自我和事业的重要性排序做出选择。人生仅此三件大事，围绕着最重要的一件作为择业参考点不会太遗憾。我的同学中大部分选择了北上广深，相较而言，回到家乡或许是年轻人中较为少数的选择。有时候我也会问自己，是否会后悔没有选择另一条路，而当我回顾自己择业的初心时，便充满坚定的信念和积极的期望——我的选择正是为了我最为重视的"家庭"，我渴望建设和发展自己的家乡，因此回到广西对我来说便是最为合适的选择。每当感到困惑时，只要回想初心，便又重新明了。

实际上，选择是很小的一步，未来的路仍存在着极大的不确定性。这种不确定性导致无论做出何种选择，总会对未走另一条道路感到些许遗憾。而认清自己对"家庭""自我"和"事业"的不同重视程度，则有助于明确择业的初心。愿我的经历和思考能够对学弟学妹们有所启发。

以青春风貌展专业风采，
做新时代的攀登者和追梦者

图书情报档案系 2021 届硕士研究生　伏春鹏

毕业去向：中国船舶集团有限公司第七〇五研究所昆明分部

一、成长经历

在上海大学的三年，我始终坚持在思想、学习、工作和生活方面积极向上，学业成绩进步较大，工作和社会实践取得较大发展，多次获得上海大学研究生学业一等奖学金，被评为"上海大学优秀学生""上海大学研究生优秀党务工作者"，带领支部获得"上海大学十佳学生党支部"称号。我热爱生活、团结同学，群众基础良好，个人能力较为突出，是一名全面发展的研究生。2021 年我顺利完成学业，在择业过程中收获了满意的工作。

在上海大学的三年，作为一名档案学研究生，我始终将学习和科研发展置于研究生生涯成长的重要位置，面对学术差距不断攻坚克难。我积极参与课程学习，课程平均成绩在过去两年中稳步上升。我积极参与专业论文写作，在国内主要专业学术期刊发表学术论文。我将实践检验真理的认识标准融入学术研究，在结合专业知识的基础上参与社会实践。无论是科研论文撰写还是实践经历，将自己的专业知识作为未来发展第一选择，始终是我坚持的发展目标。因此在寻找工作时我倾向于选择专业相近工作岗位，希望能将在上海大学的所学所获进一步发挥价值，目前的工作岗位也实现了这一愿望。

在校期间曾担任上海大学图书情报档案系研究生第一党支部书

记,并于2018年9月起担任两年的图书情报档案系本科兼职辅导员。作为一名研究生共产党员和党务工作者,我在思想方面有了较大进步。我积极开展党的理论知识学习,在日常生活中结合时事感悟党的重要思想,注重对中国共产党党史进行学习并将思想学习转化为党员先锋模范意识。2019年7月,我参与中共一大会址纪念馆志愿讲解服务,在志愿服务中感悟党史,同时提高了为人民服务的意识。通过上海大学社会实践和寒假"七个一"项目,把专业知识与家乡发展、脱贫攻坚结合起来,永葆新时代追梦人的青春与活力。通过研究生三年的学习、工作和社会实践,我的个人能力得到了大幅提升。这一过程中我深刻理解了共产党员的不同和意义。正如李大钊同志说过的,青年要"为世界进文明,为人类造幸福,以青春之我,创建青春之家庭,青春之国家,青春之民族,青春之人类,青春之地球,青春之宇宙,资以乐其无涯之生"。国家强大需要每个人的参与,作为共产党员我更加理解个人同国家的血脉联系,强国有我,在求职时我最大的期望就是能用自己的专业知识服务国家建设,这是我一直的追求。

二、方向选择

2020年秋招,我积极投递简历,希望能够回到云南就业。经过一段时间的努力,我有幸获得了中国船舶集团有限公司第七〇五研究所昆明分部的工作岗位,成为一名军工科研单位的工作人员。中国船舶集团第七〇五研究所始建于1958年,是我国重要的军工研究所,专业从事水下武器、无人航行器、智能装备、特种装备等的研发及生产,研究所成果多次获国家科技进步奖,多次获中共中央、国务院、中央军委表彰。这份工作不仅满足了我回到西部、投身重点行业的愿望,同时也在个人发展和专业匹配方面实现了平衡。

选择这份工作也深受上海大学三年研究生生涯的影响。2018年研究生开学典礼上,上大学子投身边疆建设的事迹使我感触良多。作为一名来自西部地区的学生,在上大求学的经历使我对东西部地区的差距有了更深刻的理解。2019年参与中共一大会址纪念馆志愿讲解的经历,使我更加感受到中国共产党人的初心和使命,明白了个人选择与国家发展的紧密联系。"人生无处不青山",上海的绚丽与开放包容让人心驰神往,但也更加坚定了我建设家乡的信念。

三、经验分享

作为一名毕业生,我也想从自己的求职经历谈一谈感悟,首先是求职的过程,我的经历可以用"积极稳健,胆大心细,合理规划,自我平衡"来总结。

第一,求职准备。我的经历可以分为长期准备和针对性准备。长期准备是从进入研究生后就开始的,日常学习和工作有意识地为就业进行准备,有意识地培养自己除了专业知识外的其他能力,希望能够在求职过程中有所帮助。在研究生期间担任支部书记、兼职辅导员以及中共一大会址纪念馆志愿者的经历确实对我的求职产生较大影响,对个人能力的提升有很大帮助。同时,开展科研工作的经历也使我在求职时更有竞争力。针对性的准备开始于研二春季学期之后,担任兼职辅导员负责毕业班级的经历使我对就业求职有了更多的认识,也早早地开始了准备。从思想上,形成了积极稳健、胆大心细的求职观念;在行动上,查阅了往年本专业的就业形势,以及求职意向地的主要岗位,同时对秋招的时间进行了规划。2020年8月开始,一方面我积极撰写毕业论文,另一方面积极投递简历。主要是白天撰写论文,晚上准备就业。利用各求职网站针对性投递意向岗位,经过一个月的准备,我在10月有幸获得了中国船舶集团第七○五研究所昆明分部的工作岗位,成为一名军工科研单位的工作人员。

第二,求职过程中遇到的困难和解决方法。困难主要来自三方面:其一,在求职季到工作单位所在地参加各类型考试和招聘的时间难以协调。其二,求职时很难获得当前学校的帮助,在疫情影响下,一些岗位的竞争,当地学校更具优势。其三,相比长三角等发达地区,就业岗位更少,匹配度更低。针对这些问题,我在求职时形成了以下经验:针对时间协调问题,尽量在招聘比较集中的时间点回到就业地,集中参加各类型面试和考试,避免经常性往返浪费时间、人力,造成多余的经济开支。针对求职时较难获取帮助的问题,多利用就业网站和当地求职公众号,减少信息不对称造成的影响,发挥当地同学、老师和家人的作用,增加机会。针对就业岗位偏少的情况,提前关注当地重点行业的招聘趋势,选择相关专业进行求职。

第三,求职就业技巧。我想每位同学都会有自己的方法和技巧,这里我总结了一些经验和方法,希望大家在求职路上可以不畏艰险、积极乐观,做最勇敢的追梦人。

一是明确求职意向。单位性质不同,在求职时对方的侧重也不同,因此需要尽早明确求职意向,有针对性地培养自己的能力。虽说综合能力是最重要的,但是拥有一技之长能让你在面试时更胜一筹。

二是做好时间规划和就业地规划。毕业年级面临着学业和就业的双重压力,一定要早早规划好时间,早做准备,当两项工作发生冲突时会有很大的心理压力。无论是落户上海还是异地就业,都需要尽早准备,提前了解当地就业和落户政策,了解当地就业信息,尤其是异地就业早做准备能够减少和当地竞争者的差距,更好地准备求职。

三是就业是长期的规划,格局应该大一些。习近平总书记说过,未来属于青年,希望寄予青年。在中国共产党的领导下,一代代中国青年把青春奋斗融入党和人民事业,成为实现中华民族伟大复兴的先锋力量。在就业时应该把个人理想同社会发展紧密联系,才能不断顺应时代潮流，突破自己。

　　四是针对性地在实习中学习。无论你的实习岗位是否和你未来就业意向有关，你都可以在实习中多加练习，总结经验，这些工作经验可以在未来求职或者工作过程中帮助你更好地应对各种问题，更快地融入就业岗位。

　　以上是我的一些感悟。作为一名中国共产党员、一名以科研为中心的档案学研究生、一名研究生党务工作者、一位学生工作的积极参与者，上海大学对我的栽培是十分重要的，感谢这里的老师和同学，给了我不断攀登的机会。未来我将把研究生学习生涯中潜心钻研的精神、客观公道的处事原则、耐心细致的工作作风、持之以恒的奉献精神、倾情付出的满腔热情，融入到个人发展和为社会服务、为国家奉献的过程中，始终做一名"攀登者"，不断突破自我！

远离繁华都市也会有不一样的精彩人生

文学院2021届博士毕业生　李宁

毕业去向：遵义师范学院

一、成长经历

我师从王三义教授,研究方向为区域国别史和都市文化史。本科就读于贵州大学历史系,2016年以推免方式进入上海大学文学院,次年获得硕博连读资格,并于2018年转为博士研究生,2021年6月获得历史学博士学位。在校就读期间,获得过两次一等学业奖学金、三次二等学业奖学金,也获得了学术新秀、优秀志愿者、学生社区"积极分子"等荣誉称号;硕士期间担任过两年班长职务,博士期间担任过所在支部的组织委员、所住公寓的副楼长等;发表各类学术文章十余篇,组织和参与学术会议几十场。

第一,拼尽全力,为的只是走出大山。我的出生地甘肃省会宁县,既是红色文化底蕴深厚的革命老区,也曾因为干旱、闭塞和落后的现实窘境让人印象深刻。在童年的记忆中,无论老师还是家长,说得最多的一句话是:"只要学不死,就往死里学。学习是改变命运的唯一途径,只有走出大山,人生才有希望。"也正是这样的成长环境,读书才成为会宁县最盛行的事,考上大学在这里也是再正常不过的事。对于这里的众多学子而言,拼尽全力,为的只是走出这困顿祖祖辈辈的大山。

第二,结缘贵大,让人生有了更多可能。2012年,有幸进入母校贵州大学就读,这里曾因网红校长郑强教授而让人印象深刻。初入贵大,更多的是迷茫和不知所措,高中养成的生活和学习习惯,与大学生活似乎有点格格不入,自己也好像一下子失去了高考之前的紧迫感。但是在几年的大学时光里,学校深厚的文化底蕴、老师们的谆谆教诲、父母的殷切期望,给了我进一步提升自己的底气与勇气,逐渐帮我确立了新的人生目标——读研究生。2015年底,在获得学校推免生资格后,我毅然填报了上海大学,希望能够去魔都见见这个世界"最繁华"的样子,也看看那个以中国经济最发达城市的名字命名的学校,究竟有着怎样的魅力。

第三,从贵大到上大,变化的不只是心态。初入上大,便去了古香古色的嘉定校区。这里俨然是与繁华魔都迥然不同的另一个世界,显得更加安静与祥和,也正是有这样的环境与氛围,我才能够相对从容地步入研究生学习生涯。第二年搬到宝山校区以后,开始接触更多学术大咖与学术盛宴。导师独特的人格魅力更是勾起了我继续探索历史问题的兴趣。2018年,正式获得硕博连读资格并转为博士后,我的日子便开始变得枯燥与单调,每天重复着宿舍—食堂—图书馆的生活模式,打交道最多的也是外文文献和外国友人。慢慢地开始写文章并能够发表了,慢慢地能够自己组织一场学术会议了,慢慢地能够出去参加专业领域的学术盛宴了,慢慢地我变得更加开朗、阳光和自信了。现在回首发现,成长似乎总是在不经意间完成的。

二、方向选择

时间,好像是最不起眼的东西,一晃在上海待了快五个年头。找工作的时候面临着很多选择:继续读书还是先去工作?继续去做学术还是步入职场?留在东部还是回到西部?纠结许久,几经考虑,最终选择了遵义师范学院,担任遵义师范学院历史文化与旅游学院科研秘书,负责科研、学科和智库建设等工作,承担"世界近代史""中东史专题研究"等课程的教学工作。

这里和家乡一样,也是革命老区,同样贫困和落后,但也正是因为这种境况,我们才会有更多成长的舞台与空间,这里也更加需要学有所成的学子来一起建设。当初拼尽全力走出大山,现在毅然决然走进大山,生命就像一个轮回,只是变化的却不仅是心态。有时候坐下来环顾四周,却发现身在大山其实也挺好的。只要肯努力,明天一定会更好。

三、经验分享

人生路上面临的选择很多,不同的选择会给自己不一样的人生。对于即将毕业求职的人而言,这种选择的影响似乎更加深远。因而,在每次投递简历前,一定要想清楚这样几件事:我确定需要去应聘这个职位吗?在竞争这个职位时,我的优势和劣势在哪里?获得这个职位后,我能得到什么,需要付出什么?如果求职失败,我能接受这种结果吗?

对于多数人而言,在见惯了上海的繁华后,回到中西部工作似乎要有很大的决心才行。但如果换个视角来看,大地方固然有各种难得的发展机遇,小地方也会有不一样的精彩人生,中西部地区对于职场新人而言,未必不是个好的选择。

确定了求职目标以后,一定要想方设法、勇敢出击。我们常说机会是留给有准备的人的,但你若是有了准备,未尝不可自己创造机会。一旦有了机会,就要尽可能展示自己的才华和能力,这样才能更加吸引面试者的眼球。

投身西部建设,参与国家芯片行业发展

材料科学与工程学院 2022 届硕士毕业生　伏文辉

毕业去向:寒武纪(西安)集成电路有限公司

一、成长经历

我本科毕业于北京交通大学电子科学与技术专业,现硕士毕业于上海大学集成电路工程专业。在研究生期间,我以第一作者(包含除导师外一作)身份发表 SCI 一区论文 1 篇、SCI 二区论文 3 篇,以第二作者身份(包含除导师外一作)发表 SCI 论文 4 篇,以除导师外一作的身份申请发明专利 5 项(其中授权专利 2 项)。在校期间获得研究生国家奖学金 2 次、学业一等奖学金 2 次、晶合一等奖学金和学业二等奖学金 1 次,并获得 2022 年上海市优秀毕业生称号。在求职过程中拿到了包括华为、荣耀、寒武纪、紫光展锐、紫光国芯等芯片设计大厂的 offer。

二、方向选择

出于投身西部建设,参与国家芯片行业发展事业以及个人职业兴趣等综合因素,我最终选择了寒武纪公司。寒武纪是全球智能芯片的先行者,是成立于 2016 年的一家智能芯片独角兽公司。它是目前国际上少数几家全面系统掌握了通用型智能芯片及其基础系统软件研发和产品化核心技术的企业之一,能提供云边端一体、软硬件协同、训练推理融合、具备统一生态的系列化智能芯片产品和平台化基础系统软件。

在读研之初,我就立志投身国家芯片发展的伟大事业,努力成为一名合格的芯片工程师。在做好自己科研项目的同时,我积极学习芯片设计和验证方面的知识,为以后的求职和工作打下基础。在实验室师兄的帮助和自己的努力下,我在自己的研究方向取得了一点成绩,在获得荣誉的同时也增强了自信,这对我后面的求职帮助很大。

三、经验分享

对于后面求职的学弟学妹们,我主要有以下几点建议:

第一,要将个人的职业发展与国家发展大趋势结合起来,将自己融入时代发展浪潮。近年来,我国在芯片领域受到重创,国家下决心要大力发展半导体等先进制造业,将核心技术牢牢掌握在自己手里。这对于即将步入社会的学生来说是一个巨大的机遇,"天高任鸟飞,海阔凭鱼跃",在这样一个广阔的平台,一定要把握好时代发展给我们的机会。

第二,趁早做准备,尤其是专业知识,老话说笨鸟先飞,早起的鸟儿有虫吃。"打铁还需自身硬",提高自身的硬实力才是根本,把之前学习过的专业知识都重新学一遍。尤其是自学跨专业找工作的同学,更是要提前规划。对于自己心仪的岗位,可以看看公司招聘的要求,有针对性地给自己"充电",把自己专业知识上该补的短板都补起来。

第三,最好是找自己感兴趣的岗位。兴趣是最好的老师,只要对一个方向感兴趣,愿意花时间去学,去琢磨,这样自然而然就能学好,而不是人云亦云,没有找到适合自己的定位。

第四,提高自己搜集整理就业信息的能力。在找工作之前,可以从多个渠道搜集各个公司和岗位的信息,比如公司官网、微信公众号、学校就业网站、师兄师姐的推荐等。搜集完信息后可以列一个表格,上面写上自己心仪的公司和岗位,然后逐一了解和投递。

第五,积极面对,勇敢尝试。对于自己向往的公司,一定要勇敢尝试。虽然好公司竞争肯定大,但是不去尝试怎么知道结果呢,努力不一定成功,但放弃一定失败。

第六,万一没有找到自己心仪的公司和岗位,也不妨退而求其次,先就业,再择业。现在的就业形势和压力越来越大,首先得保证自己毕业之后有一份谋生的工作,然后再不断提升自己,去寻找更好的机会。

爱国情怀选择行业,国防科工助力复兴

力学与工程科学学院 2022 届硕士毕业生　李航
毕业去向:中国航空发动机四川燃气涡轮研究院

一、成长经历

我积极参加院系学生工作,有较强的活动组织能力和与人沟通能力。为人和善热情,和同学关系融洽,保持严谨治学的作风和兢兢业业的态度,时刻牢记担负的社会责任,时时刻刻以共产党员的先进性标准来要求自己,事事力争做到带头模范,在工作中不断接受锻炼,努力成为内心充满理想和抱负的新时代青年。

第一,静心问道悟智慧,潜心科研求学问。在研究生阶段认真完成学习任务,积极参与到课题组内的科研任务中。在科研方面,积极查阅文献,设计并进行相关试验,同时积极参加相关的学术讲座、论坛以及培训,积极和老师、同学研讨,将所学知识进行运用,努力完善自己的科研任务并力所能及地帮助其他同学。知行合一,积极开阔科研视野,将阅读文献学习到的理论知识运用到工程实践中,有一定的学习方法和学习习惯,学习态度端正。荣获 2019、2020 年学业一等奖学金以及 2022 年学业二等奖学金。因为自己深知,没有足够扎实的理论知识,很难在以后的工作中发挥作用,从始至终,我便要求自己踏踏实实做好研究和理论的学习,争取在未来的工作中为祖国的建设添砖加瓦。

第二,立足岗位兢兢业业,恪尽职守勤勤恳恳。我在学生工作方面扮演着三个角色:2019 级学硕党支部组织委员、学生会体育部干事、

2019级学硕班委。作为学生会体育部干事,我组织参与了新生杯篮球赛、校运动会、土木之夜等各项学院赛事活动,协助院系完成学生工作事务,协助院系团委完成各项活动筹备工作。作为支部组织委员,做好支部会议开会的通知和场地安排、每一次支部会议的记录手册,以及党员发展工作和积极开展支部"三会一课""两学一做"和"四史"学习教育活动,认真落实"主题党日"、组织生活。我在生活中积极学习习近平新时代中国特色社会主义思想和党的十九大精神,认真贯彻执行落实学校、学院党委的政策和决议。作为班委,努力创造一个具有凝聚力和温度的班集体,我积极协助班长和团支书组织2019级学硕班首日教育和主题团日活动,如新生联谊破冰活动、"共抗疫情,爱国力行"研究生春季学期主题教育活动等。个人责任和社会担当,我想是我们从学生时期就该培养好的,每个阶段都有相对应的责任与担当。格物致知,诚意正心,方能修身齐家治国平天下。这正是我应恪守的信条:"有守有为有创新,无我无私敢担当。"站在就业前夕,我心中更是憧憬着未来能够为国防科工领域做好自己的担当。

第三,青春长短用时间计算,青春价值用贡献衡量。我秉承"志愿精神源于无私的爱、传递真诚的善,志愿服务铸就人的精神品质,提高社会文明水平"的思想,热爱公益志愿活动和课外文体活动,从本科担任本科智力助残社团负责人起开启了公益志愿之路,组织学院学生学雷锋去敬老院探望老人,给学院带来一股志愿奉献之风,到后来参加无偿献血,做铁路春运志愿者、上海大学菊文化节志愿者。积极参加"四史"知识竞赛活动、校运会,做"挑战杯"志愿者。疫情期间在线上免费为抗疫医生家庭的孩子做心理辅导和功课补习,获上海市新冠肺炎疫情防控志愿证书;疫情在家期间积极参与土木学子宅家健身活动的视频录制;疫情期间的新生开学工作中,我挺身而出,争做新生入学志愿者。从学生时期的奉献自己到校园和社会的角落中,渐渐地到未来就业中将自己奉献到国防力量和科技领域中,身体力行,诠释了青春长短用时间计算、青春价值用贡献衡量。

二、方向选择

在择业就业的过程中始终牢记习近平总书记在纪念中国人民志愿军抗美援朝出国作战70周年大会上发表重要讲话时指出的:"抗美援朝战争伟大胜利,是中国人民站起来后屹立于世界东方的宣言书,是中华民族走向伟大复兴的重要里程碑,对中国和世界都有着重大而深远的意义。"确实,一个国家必须拥有先进的国防科技工业体系,才能形成强大的国防力量,才能真正拥有立国之本、护国之盾。这为我以后的秋招求职方向埋下一颗种子。

当我认识到就业不是将就一份职业,而是要成就一番事业时,便早早地开始进行就业准备,从设计院到房地产再到最后的军工,完完全全是一种从个人利益到国家情怀的升华。还记得在房地产企业实习期间,自己从面试小白如何通过努力与汗水成为面试不败王的转变,这里可以使用的不仅仅是网站上的视频与介绍,还有就业公众号、学校就业官网以及学院就业指导老师提供的帮助等,都是助力我在面试过程中一步步进步的主要因素。在行业选择方面,我认为还是需要针对自己的兴趣爱好以及行业发展。就这点而言,房地产逐渐趋于饱和,个人认为未来将从增量时代转向存量时代,行业黄金期已然过去。

相反,在国防军工方面,航空发动机作为现代工业皇冠上的明珠,代表了一个国家工业的制高点。而评价一个国家航空发动机水平的关键就是看战斗机上用的大推力涡扇发动机。它为飞机提供着动力,也为航空事业的发展提供了主要推动力。而航空发动机作为如此高科技的产品,目前只有美国、俄罗斯、英国、法国有独立自主研发和发展的一流水平的发动机,而在民用发动机市场,四国包揽了世界90%的市场,中国任重而道远。在了解到这些之后,作为力学与科学工程专业学生的我内心不免有了波澜,倘若自己能加入这个能助力祖国复兴的神圣且伟大的行业,我愿将其作为自己一生的追求。就此,我于2021年秋招期间逐渐锚定了自己的就业方向——国防军工事业。关于专业和地域的问题,我认为自己都可以接受,在哪里都能实现自己的理想和价值。秋招期间我一直盯着各个军工企业的招聘信息并不断通过自我学习补充相关行业的专业知识准备面试,最终顺利拿下中国航空发动机集团四川燃气涡轮研究院的工作。

回头再看,我对就业的认知,得益于上海大学优秀的学生思想政治教育传统,得益于上大就业引导"创一流,上大舞台"的目标,这些都深入人心。

在研究生期间,我保持努力踏实、兢兢业业的态度,时刻牢记担负的社会责任。研究生是我国科研人员的储备军,也是从事自然科学和社会科学研究的重要新生力量,对建设中国特色社会主义事业具有至关重要的作用。作为新时代的青年研究生,我在日常的学习与科研上,时刻把高尚品格作为人生励志前行的基石,坚定选择、抵制诱惑,强化自律意识。作为有幸站在新时代新起点上的青年人、接班人,我时刻铭记"自强不息""先天下之忧而忧,后天下之乐而乐",牢记钱伟长教育思想,不断努力,在艰苦奋斗中锤炼品格,积极弘扬和践行社会主义核心价值观,以耕牛的拓荒品格、骏马的争先品格、蜜蜂的勤勉品格、青松的顽强品格、小草的奉献品格要求自己,勇于担负起中华民族伟大复兴的使命,积极贡献自己的力量。昨天的荣誉已变成遥远的回忆,百尺竿头,更上层楼,未来的征程中相信我会更加努力——正如我最喜欢的座右铭"优秀是一种习惯",去迎接祖国更加有温度、有质量、有未来的美好明天,为祖国建设添砖加瓦,为民族复兴铺路架桥!

三、经验分享

希望所有上大的同学们在就业时,要有大历史观,要从历史的维度看看工作的单位和所从事的事业。尊重历史,面向未来;要有能力自信,敢沉下来做事。在工作时,要能适应环境,要有技术敏感性和发展敏感性,要又红又专。在一些关系国计民生的重点领域、重点行业出现我们上大人的身影,做好我们上大人的社会担当!

以信息化手段解实际痛点，为铁路事业建设添砖加瓦

计算机工程与科学学院 2022 届本科毕业生　莫伟程

毕业去向：中国铁路南宁局集团有限公司

一、成长经历

我来自广西柳州，在校期间曾在上海大学学生工作办公室新媒体中心负责推文编辑排版工作。在自己的兴趣引导下，我很早就明确了自己的就业规划，即成为一名软件开发工程师。因此在大一分流的时候，我果断选择了计算机科学与技术专业，开始了我的专业学习之旅。大三的时候，我在考研和就业之间反复纠结，最后决定先做一段暑期实习的工作，然后再决定是考研还是就业。因此我在大三春季学期开始为暑期实习做准备，准备意向岗位的基础知识、技能，扩充自己的知识广度和深度，通过面试不断总结经验，经过几轮面试后拿到阿里巴巴以及字节跳动的实习 offer，最后我选择到阿里巴巴实习。2021 年 6 月起，在阿里巴巴集团担任了七个月的测试开发工程师实习生。

二、方向选择

经过在阿里的实习，我对自己的能力以及就业方向有了更清楚的认识，我决定不再考研而是就业。秋招中，一开始我的目光只放在互联网企业中，拿到了阿里巴巴的实习留用 offer 以及字节跳动的客户端开发工程师 offer，并且薪资令我很满意。

本以为我的秋招之旅到此结束，但一次偶然的机会，经同学介绍，

我了解到中国铁路南宁局集团有限公司正在招聘软件开发工程师。抱着试试看的心态,我投递了简历,经过笔试和面试后拿到了 offer,之后我就陷入了是去大厂还是回家乡央企的纠结。作为铁路局中少数非铁道相关专业毕业生的我,其实很纠结自己能否胜任工作以及相对于铁道专业的同学自己的工作能为铁路建设带来什么。在和南宁局的面谈交流中,我了解到建设交通强国是党的十九大作出的重大战略决策,而交通强国铁路先行。一条条高铁线串起了国家重大战略区域,为各区域协同发展提供便利;也串起了城市与乡村,为全面实现乡村振兴战略奠定基础。铁路也不止有高铁,在一些高铁尚未进驻的大山深处、边疆小城,有着属于铁路公益的"慢火车"——像润物细无声的春雨,便利着当地百姓的生活,助力当地人民群众精准脱贫。通过介绍我了解到铁路事业在我国的重要性,无论是高速飞驰的动车组列车,还是慢速的公益火车,铁路事业都在践行着人民铁路为人民的理念。南宁局集团公司管辖铁路包括沿海铁路、边疆铁路、山区铁路、民族地区和革命老区铁路等,这些铁路不仅服务经济发展需求,也在为国防事业、民族发展、精准扶贫、红色教育等发展需求服务,这让我感觉到如果自己进入铁路系统工作,那么自己的工作一定是有意义的。随着信息化的不断推进,信息技术应用在铁路运输组织、客货营销和经营管理中发挥着越来越重要的作用,从职工和人民群众的需求出发,通过信息化手段可以解决实际生产中遇到的痛点、难点,通过信息化手段可以降低职工的作业强度,节约企业管理成本,实现铁路运输管理现代化。一想到作为软件开发工程师的我,掌握的计算机技术能为现场作业带来便利,自己编写的代码能解决现场管理的一个个难题,能为铁路事业的建设添砖加瓦,我就激动不已。

南宁局集团公司管辖铁路地处粤港澳大湾区、中国—东盟自贸区、西南中南经济圈交汇处,是我国铁路面向东盟的区域性交通枢纽,肩负着服务西部陆海新通道建设的重大使命。

南宁局集团公司位于我的家乡——广西壮族自治区。作为土生土长的广西人,我的心中一直饱含着对家乡的热爱、对故土的思念。相比大城市的发展,处于西部地区的广西更需要人才。我们接受高等教育的目的不是为了摆脱贫困的家乡,而是为了帮助家乡摆脱贫困。选择回广西工作,投身到建设壮美广西的伟大征程中,服务家乡发展,能给我带来很强的归属感。

三、经验分享

对于计算机专业毕业生,有一份优秀的实习经历是斩获秋招 offer 的关键,因此如果在大三阶段对自己的未来有充分规划,选择就业的话,应该在大三寒假期间着重准备大三暑假的实习机会,复习计算机的基础知识,提高自己的算法能力,提升自己的竞争力。实习是一个很好地提前感受企业文化氛围以及岗位具体工作内容的机会,并且对于大厂来说,秋招的留用率很高。即使不能留用,实习经历在简历上也是一个很大的加分项。另外在秋招开始时,保持充分的自信,明确自己未来想要从事的岗位,精准且大胆地投递简历,不要因为是大厂而不敢投递,面试失败没什么大不了的,俗话说失败是成功之母,失败不可怕,关键要在失败中学习和成长,不断总结经验。同时投递的企业不宜局限于位于一线城市的互联网大厂,位于二线城市的互联网大厂分公司以及二、三线城市的央企国企研究所等也是很好的选择。

希望学弟学妹们都能收获理想的 offer,认真生活,快乐工作,在工作中实现自己的人生价值。

跳好第一支舞,做最美逆行者

管理学院 2022 届硕士毕业生　熊芳

毕业去向:隆基绿能科技股份有限公司

一、成长经历

在上海大学学习和生活的这段时光,是我人生中宝贵的礼物。感谢老师和同学们在这两年里对我的支持与帮助,让我在各方面都有所成长,能够不断朝着理想的高峰攀登。作为即将踏入社会舞台的毕业生,我深知"跳好第一支舞"的重要性,在就业的选择上,我始终坚持践行社会主义核心价值观,以服务国家、服务基层的行业为首选,立身为公,学以致用,不忘初心,乐于奉献。

初入上海大学,心中满是激动与骄傲,我深信在这所学校我能够有所成长,有所提升。作为学生,在学业上我从不懈怠,各大小专业科目均认真对待,曾获得研究生新生奖学金以及学业二等奖学金,这是对我努力的肯定,也是对我前进的激励;作为校友,我乐于为学校服务,2020年至今一直担任我校本科生学业发展指导中心兼职辅导员,对待工作,我积极主动、严谨负责,在老师以及同学们的认可与感谢中,我收获了工作的意义与价值;作为一名优秀的青年,我热爱党,热爱国家,敢于奉献,不畏艰辛,多次参加学校组织的志愿者活动和公益活动,抗疫期间不仅积极配合工作,还在学校担任志愿者,为校园服务,能够在特殊时期给学校、给大家提供帮助,是我的荣幸。好的教育是促进学生德智体美劳全面发展的,感谢学校给我这样的机会,让我能够成为更好的我。

二、方向选择

认真做事的时候,时间总会跑得很快,停下来时,毕业的钟声已经敲响。如果能够留在上海奋斗,大城市的机会和资源,是我们十分渴求的,是我们十分向往的。我曾走过上海的大街小巷,感受过上海的风土人情,品味过上海的特色美食,这里的一草一木都吸引着我、呼唤着我,我的老师和同学们也不止一次提出希望我留在这繁华的上海。上海的美好,是深植于我脑海之中的,能够为上海的建设锦上添花,是多么令人喜悦的事情。但西部建设的号角吹响,我便再也无法劝说自己留着这里。因为我就是来自西部的某个小城市,在那里生活过的人,知道那里的天空为什么晦涩,那里的道路为什么崎岖,那里的人出去后为什么再也没有回去。这两年"最美逆行者"一词深入人心,我为何不能做一个"逆行者"呢?如果能将我在上海大学的所学所见,应用到西部建设中,又何尝不是件振奋人心的事情呢?"能力越大,责任越大",我不确定我有多大的能力,但我有责任积极响应国家的号召,我有责任为家乡的建设添砖加瓦。

正是这个时候,我收到了西安隆基公司的工作邀约。公司团队来自中国500强的中国西电集团,技术团队与西安交通大学电气实验室常年合作相关课题研究和实验,有20多年的技术优势,总结国内外技术经验相继研发出 GFZ、GFM、GFC、GFP、GFL 等新能源系列熔断器产品,致力于为新能源事业、环保事业的发展保驾护航。我国的新能源产业链具备全球竞争力,行业发展是非常可观的。该公司位于西部地区,能够实现我为家乡作贡献的心愿,公司的发展规模和岗位职责也非常符合我的职业规划,能够收到这份邀约对于我来说是十分幸运的。

在此,非常感谢老师和校友们对我回西部这一决定的支持与鼓励。在工作确定之前,我是非常迷茫困惑的,一方面是初入社会的压力与焦虑,从学生的角色直接转变为社会人的角色,我不知道自己能否胜任工作,能否处理好上下级关系,能否赢得同事们的喜爱;另一方面是行业选择的犹豫与纠结,找到专业对口的工作不容易。在辗转反侧的夜晚中,我找寻不到解决的方法,也许是太过紧张,面容不展,我的导员刁雅钰老师察觉到了我的异样。那一天,刁老师发微信给我,当时很多同学都已签订工作,而我还没有着落,本以为老师会着急督促,没想到她竟表扬我近期活动中主持得非常好,还问我有没有什么推荐的饭店,过两天组织大家一起聚会。听到老师的夸奖,心情不免愉悦起来,渐渐和刁老师聊了许多,也向她倾诉找工作烦恼。刁老师是十分温柔的,她明白我心中的苦楚,与我交谈时并没有直接戳我的痛处,而是先缓解我的心情,再一步步引导我如何去做。

面对社会这所开放式大学,我已经准备好入学了,不如初入上海大学时兴奋与自豪,这次我将带着智慧与勇敢、责任与担当前行。"攀登奖"时刻提醒着我:在工作中创新,在工作中提升,在工作中永远保持攀登的勇气和信心!

三、经验分享

我在求职中经历的困惑,希望能与学弟学妹们共勉。刁老师告诉我,我的焦虑都来源于没有明确的规划,自己要先清楚自己的职业规划以及未来的方向,只有清楚了这些,找工作才有目标感和方向感,否则就跟一个无头苍蝇一样,到处乱撞,没有明确的目标,看到了工作也不知道合不合适,不敢选择,加上周围同学都逐渐确定了工作,又会加深自己对自身的怀疑和焦虑,如果一慌张随便找个工作交差,那更是对自己不负责任。工作有很多种,可以先从行业出发,找出几个自己感兴趣的行业,了解一下这些行业的发展状况、未来前景,做出第一步筛选;再看行业需要哪些人才,有哪些条件,自己是否符合,做出第二步筛选;自身条件符合的,就看看公司和岗位的具体情况,做出最后的决定。当然,这只是工作的选择,面试环节还需要做足充分的准备,不要觉得符合岗位描述就万事大吉了,很多公司面试都是考察综合能力的。

按照刁老师的方法,我渐渐明确了自己的职业发展方向,给符合筛选条件的公司投了简历,认真准备面试环节。虽然一开始还有些怯场,但我越战越勇,陆续收到了许多公司的入职邀请。在这个过程中,离不开刁老师对我的鼓励和关心,她总是不经意间安抚我的情绪,坚定我的信心,让我能够有规划地找到理想的工作。再次感谢刁老师对我的帮助。

聚焦缺项补短板,通盘考虑做抉择

法学院 2022 届本科毕业生　袁小雅

毕业去向:成都坤伦厚朴专利代理事务所

一、成长经历

在校内,我积极主动地加入了青年志愿者协会外事部,主要负责和校外赞助商对接和促进志愿社团之间的沟通。2019 年,加入知识产权协会学术部和形体舞蹈协会,在知识产权协会主要负责撰写推文,在形体舞蹈协会时我参加了两次上海市学生阳光体育联赛的舞蹈比赛且均获得三等奖。2020 年,担任知识产权协会学术部部长,主要负责审核推文和对接部分校友,其间协助老师组织了"百一杯"知识产权案例概要撰写大赛和浦东商会的"君聪杯"知识产权竞赛。我的论文《知识产权犯罪案件三合一审判机制中被侵权人诉讼地位保障研究》在上海大学第三届本科生学术论坛中获得二等奖。

在校外,我参加了一些实习实践。自 2020 年 7 月至 2020 年 9 月在四川琴台律师事务所实习,任诉讼部门实习生。日常工作内容包括文书起草、合同审查、信件分发、财务报账、文件印务、会务接待等。自 2021 年 1 月至 2021 年 3 月在四川省内江市威远县严陵法庭做民事审判庭实习生。日常工作内容包括文书起草、卷宗整理、当事人接待、信访笔录、传票填写等。实习表现得到法院法官一致赞美。自 2022 年 2 月至 2022 年 6 月在上海融力天闻律师事务所做知识产权部门实习生。日常工作包括版权权属链条梳理、起草起诉状、起草律师函、证据总结、侵权比对等。

二、方向选择

在大一时,出于对职业生涯和专业分流的迷茫,我报名参加了职业生涯规划课程,以期增进对专业的了解。同时,身处青年志愿者协会外事部,我在参加多个志愿者活动过程中,认识了来自不同专业的学长学姐,他们对未来的规划也给我带来启迪。暑期还进行了社会实践,走访了一些企业了解垃圾分类制度,"进化、净化——探寻上海垃圾分类制度的实施情况及阻力"获得校内结项B级,也深入了解环境工程相关专业,并认定自己并不适合。通过不断的探索和比较,我最终在专业分流时选择了知识产权专业。

大二进入专业学习,加入知识产权协会学术部,并定期撰写案例推文。我还参加了法学院的模拟法庭,所在组成为优胜组;加入了形体舞蹈协会,努力培养自己的兴趣爱好,并有幸代表学校参加了两次市级团体比赛,也由此获得了文艺体育奖学金。此外,我还选择报名成为一名导生,帮助大一同学快速适应大学生活,被评为优秀导生。在暑期我前往四川琴台律师事务所实习,结识了后来推荐我入职成都坤伦厚朴专利代理事务所的顾律。

大三我留任为知识产权协会学术部部长,也因此结识了上海融力天闻律师事务所的律师,为我后面的实习提供了帮助。在任职期间协助举办"百一杯知识产权案例概要大赛"和浦东商会的"君聪杯"知识产权竞赛,充分锻炼了我的统筹规划能力。我还参加了第三届本科生学术论坛,在王琳琳老师和王勉青老师的帮助下,完成了一篇知识产权与刑法相结合的论文并获得二等奖的好成绩。在寒假,我听从四川琴台律师事务所带教律师的建议,前往我们当地的严陵法庭进行实习,通过这段实习,我充分了解了法院的内部结构、规章制度、工作流程。

因为早有考研的打算,于是在大三时修完了除毕业论文以外的所有学分,将大四整整一年空余出来专心复习。考研失利后,我回到学校修改简历、投递简历,并成功进入上海融力天闻律师事务所实习,回校后仅五天便迅速入职。

但由于疫情的影响和自身的考虑,最终我还是选择了回到西部工作,现在签约的是成都坤伦厚朴专利代理事务所。该所成立于2016年,业务覆盖整个知识产权领域,其中以"维权诉讼+科技项目认证+成果转化运营"为核心。截至目前,该所已与5 000余家客户展开长期稳定合作。该所多名代理师多次受聘为各地区的专利特派员,多次受邀为高校、地方政府进行知识产权讲座,专业水平和服务态度广受好评。

对于法学生而言,选择企业还是选择律所,选择什么细分领域,选择诉讼还是非诉,是十分关键的问题。通过这几段实习的体会,我选择了律所、知识产权和诉讼。

曾有两件事对我触动很大。一为我高中时很喜爱我们当地的某花生糖品牌"钟老师",后来由于其商标保护意识淡薄,致其商标被抢注,该品牌从此销声匿迹。当地市场仅剩"黄老五"这一注重保护知识产权的花生糖品牌。二为在琴台律所实习时,由于琴台的商标在实际使用中与注册的商标图样有所更改,琴台的独角兽商标遭遇异议,当时我正在读大二,对诉讼策略一窍不通,也没能帮上琴台什么忙,为此感到十分羞愧。大三时我上了袁真富老师的诉讼方法论这门课,我深深地被诉讼策略所吸引。我暗暗立誓,要用自己的专业知识去帮助当事人维护自己的合法权益。知识产权有其特性,特别容易受到侵害。知识产权的特性往往与人们的常识相悖,因而仅凭常识去判断往往会出错。成都的知识产权领域仍旧不够完善,虽然国家加大了对知识产权的保护,实施知识产权强国战略,但大众的知识产权意识仍旧十分淡薄。

考研失利转向求职后,通过招聘软件和邮件发送的简历大都石沉大海，但我本着积极主动的态度，在微信上询问老师能否推荐或律所是否缺人。这种方法十分简便快捷，上海融力天闻律师事务所的律师迅速与我敲定了两天后的面试。由于是第一次面试，我对简历仍不够熟悉，表现得不尽如人意，难以回答简历中的细节问题。但律所表示可先实习，根据我的实习表现再看能否留用。后来由于疫情，我便开始了线上实习。

虽然我已找到实习单位，但由于疫情的影响，我担心律所会缩减开支，取消我目前实习的工作岗位。我又开始四处投递简历和接受一些面试。当时刘晓老师也帮我推荐简历，去参加北京万慧达知识产权律所的面试。我填报的岗位是国内商标诉讼，经过知产英语笔试、一面后，我的岗位被调整为国内商标非诉团队。与二面 HR 沟通后，我接受了这个岗位变动。二面时合伙人认为我在上海封闭，不能及时到岗，就把我刷掉了。后来我又收到米哈游法务岗的笔试邀请，完成笔试半月后，我又收到了拒信。我也拒绝了锦天城律师事务所的 IPO 实习生邀请，一是考虑到难以留用，二是我尚未通过法考而 IPO 业务往往加班到深夜，难以兼顾学业和工作。最后由于疫情的影响，我选择了回到西部，回到四川。通过之前实习认识的律师，了解到他们所知识产权团队正好缺一个助理，通过笔试和面试，我拿到了坤伦的 offer，我能全面接触商标、专利和著作权案例，可以得到全面发展。

三、经验分享

在初期我进行简历投递时，遇到了很多问题：简历模板过于花哨和幼稚，重点不够突出；给律所发邮件时，邮件模板过于简略；过于局限于知识产权律所，没有考虑知识产权法务。

屡屡碰壁后，我找到辅导员林建玲老师帮我修改简历。然后又对比了自己与室友的邮件模板的区别，进行了修改。在我优化简历、丰富邮件内容和扩大投递范围后,陆续收到了几封回信。我建议学弟学妹们一定要主动,好工作永远不会缺人。在一场面试结束后,不论是成功还是失败,都可以向 HR 或律师问问自己的表现如何,哪里不足、哪里可以改进,这能使你更好地面对之后的面试或笔试。去面试之前,一定要事无巨细地对自己的简历内容进行复盘,以免被问到答不上来。如果 HR 和你提前沟通,一定要询问笔试的大概内容、是否需要准备纸笔以及面试的时长。尽量避免因准备不足而导致求职失败。

常学常新加强理论修养，
知行合一主动担当作为

社会学院 2022 届硕士毕业生　张祖耀

毕业去向：中共瑞丽市委党校

一、成长经历

2019年，我有幸通过研究生推免进入上海大学学习。仍然记得初到上海大学时自己作为新生入学代表面向 2 000 多名新生的紧张感，由于是第一次在这么多人面前进行演讲，难免会十分紧张。但是在研工部夏老师以及学院辅导员回胜男老师悉心指导下，我顺利地完成了在上海大学的"首秀"，并在接下来的导师见面会、新生素拓以及学院举办的各类专业讲座与论坛中逐渐适应了研究生的学习节奏和学习压力。

在三年的研究生学习生活中，我敢于担当，素质过硬。在校期间，能够牢记共产党员的使命和职责，主动作为、甘于奉献，担任学院研究生会主席、社会学院 2020 级兼职辅导员（2020—2021）、2019 级第一党支部支委，工作上尽心尽职，积极协助学院党委、团委组织开展"社会学系庆""校友返校活动"等各项活动。我勤奋学习，积极进取。积极参与活动的同时，能够提升专业能力素养，合理安排学习与工作时间，在三年的学习中名列班级前茅，多次获得学业奖学金，参与"乡村振兴学术论坛""消费社会学论坛"等社会学学术论坛，并在论坛上发文。我秉持团结同学、服务社会的理念，在三年的学习生活中，以志愿服务者的身份参与组织了"研究生迎新活动""新生素质拓展""九院迎新晚会""上海大学运动会"等活动，在活动中积极为同学服务。在瑞丽市疫情防控中发挥先锋模范作用,勇于担当,敢于担当,并荣获上海大学社会学院"抗疫先进个人"荣誉称号。

二、方向选择

三年时光转瞬即逝,再加上疫情的影响,似乎我才研一结束,就已经毕业了,也面临着就业的压力。由于我从本科开始就一直从事着学院学生事务和行政工作,因此自己的就业选择也是以事业单位、高校为主。

至于我为什么要选择党校,原因主要有:

第一,习近平总书记曾对我们青年人说过:新时代的中国青年要以实现中华民族伟大复兴为己任,增强做中国人的志气、骨气和底气,不负党和人民的殷切期待。在中国共产主义青年团成立100周年大会上,习近平总书记又勉励我们,实现中国梦是一场历史接力赛,当代青年要在实现民族复兴的赛道上奋勇争先。要实现中华民族伟大复兴这一使命,必须以中国共产党为领导核心,而党校是中国共产党思想理论建设的重要阵地,党校因党而立,为党而办。对于我来说,选择党校是一名党员积极向党中央看齐,回应党和人民期待的重要途径。

第二,进入党校有利于我提升自己的政治理论水平、教学科研能力等。党校是党和国家的哲学社会科学研究机构和重要智库,我在党校工作、教学能够不断倒逼自己学习贯彻新思想、新理论,知敬畏、存戒惧、守底线,培养造就自己成为一名政治强、业务精、作风好的高素质教学教研人才,以坚定的马克思主义者和中国特色社会主义奋斗者的身份实现人生价值,升华人生境界。

第三,我对瑞丽有着深刻的乡土情结。树高千尺,落叶归根,从本科到研究生,我已经在外漂泊七年,离开了生养我的故土,自己犹如雨中浮萍,也才明白乡愁之浓、乡土之美。作为一名游子,更作为一名党员,我期待着自己能够回到故乡,为党的事业作出贡献,为瑞丽的社会发展作出贡献。

三、经验分享

成功"上岸"并不是一帆风顺的,需要经验和知识的积累。以我报考党校为例,一开始,我先是在 3 月份报考了大理州的县级党校,但是由于当时对党校招考的内容、面试以及试讲都不熟悉,最后并没有被选上。而这次报考给我提供了重要的经验,我尝试去分析党校的笔试题目以及考试重点,学会去分析时政和会议的内容并与面试相结合,学会运用学习强国、宣讲家网等资源磨炼自己的授课能力。也正是通过整理以上经验,使得我可以进入瑞丽市委党校,成为一名光荣的党校教师,从事马克思主义以及中国特色社会主义研究。

每一个不曾努力的日子,都是对自我的辜负,每一份坚持都是成功的累积,只要相信自己,总会遇到惊喜;每一种生活都有各自的轨迹,请肯定自己,不要轻言放弃;每一个清晨都是期望的开始,记得鼓励自己,展现自信的魅力。

早立规划,锲而不舍

外国语学院 2022 届硕士毕业生　陈月缘

毕业去向:贵州省仁怀市第四中学

一、成长经历

我本科就读于贵州大学外国语学院日语专业。本科期间获得两次校级奖学金、校级三好学生,校级优秀学生班干部和贵州大学校级优秀毕业生等奖项和荣誉。积极参加校内举办的各种外语类竞赛,多次获得一等奖、二等奖。例如在 2018 年参加外国语学院第二届"外文朗读者"获得一等奖、参加第十三届中华全国日语演讲比赛贵州大学预选赛获三等奖、2019 年参加第十四届中华全国日语演讲比赛贵州大学预选赛获一等奖。在上海大学就读期间获得二等学业奖学金和三等学业奖学金,并不断地努力学习,积极参与老师组织的中译日翻译项目《人与机器:思想人工智能》,在《社会科学前沿》上发表文章《日本学者对韩国课题的文献计量学分析》。

二、方向选择

之前在与本科老师交流毕业后的规划打算时,我了解到一位学姐毕业后回到她的家乡当了一名高中日语老师,她的数名学生在高考中考取了 120 多分的日语成绩,比之前的英语成绩高了几十分并顺利进入大学。因此那所中学乃至其他中学越来越多的学生选择学习日语。近年来日语学科在贵州各县级市的高中逐渐受到重视,给了学生学习另一门语言的机会,实现多样化发展的可能,同时也考虑到了学生的独特性，尊重了学生的意愿。另外高考日语相比英语比较简单，学生可以在高考中考取更好的成绩，进入更好的大学。作为一名贵州省的学生，我非常希望贵州省的学生能够通过高考进入好大学，有更好的未来和发展机会。在那时，我的心中就种下一颗种子——成为一名日语教师。

我选择回到家乡工作，想成为一名日语教师的契机是大二暑假时参加贵州大学外国语学院组织的三下乡活动，去到贵州省黔西南州贞丰县的龙场镇参加调研，并组织当地的小学生们在龙场小学参加暑期课堂。我在上课过程中发现学生们的知识非常薄弱，欠缺的知识点非常多。与他们沟通交流的过程中得知他们的父母都在外省打工，他们都是由爷爷奶奶带的。我们在镇上走访调研时，确实看到了非常多的老年人和儿童，几乎看不见年轻人。

贵州处于偏远山区，因为地区位置等问题，贵州与沿海地区乃至中部地区的教育仍有较大的差距。孩子们无法顺利升学考进大学甚至高中，只能早早进入社会工作。从贞丰回来后，我愈发意识到教育对孩子的重要性，暗自下定决心一定要当一名教师，让更多的孩子能通过知识改变命运，走出大山去往中部城市或者沿海城市享受更好的教育。

于是在大学期间我努力学习日语知识，分别在大二和大三考取日语专业四级、专业八级、日本语能力测试一级、高中日语教师资格证等证书，为今后的就业规划做好准备。我还积极参加学校日语配音比赛、演讲比赛。参加活动不仅锻炼了我的团队协作能力和沟通能力，更锻炼了我的日语技能。这让我意识到在今后的教学中同样可以加入配音、演讲等活动，不但可以培养学生对日语的兴趣，而且配音时所运用到的对语音语调的模仿技巧，也能够帮助学生提高口语水平，而参加演讲也可以增加学生的词汇量和知识储备。

为了丰富教学经历，为今后的教师工作打下基础，我做过家庭教师、补习机构老师。在日语教学实践中，到仁怀一中担任日语实习老师的经历让我对日语学科教学有了更深刻的了解和体会。在指导老师的帮助下,我学习了日语授课的一些方法和技巧、研究教材和备课方法。当学生因为内容难而不想学习时,我们可以运用教育理论,从学生的特点出发,采取多种多样的教学方法去激发学生的学习动力,提高学习兴趣。这些经历让我了解到教师的工作和意义所在,也让我坚定了想当日语老师的决心。

在职业选择和规划的过程中我也有过动摇,也遇到了许多困难,也得到了许多帮助,我始终庆幸一路上有敬爱的老师们和乐于助人的同学们,还有我最亲爱的家人们陪伴我、帮助我。例如,当我的外教得知我想当一名高中日语老师时,她表示日语老师的发音非常重要,而我的口语发音不太标准,她主动提出帮我进行口语训练,每周一次,一次两个小时。于是从大三到大四上学期,整整一年半的时间,我的外教每周都帮助我练习口语,使我的日语发音和日语口语都有非常大的进步。再比如,在我来到上海大学读书之前,我从未来过上海。我只在电视里、手机上见过上海的风貌。当我来了之后,我才深刻地体会到上海的一切与贵州实在是太不相同了。上海有无数的高楼大厦,有无数的展览表演,永远有最新的东西涌现,四通八达的交通网,没有大山阻挡一切。我动摇了,我也曾想过毕业后留在上海工作。我的家人了解了我的想法后,没有反对我,只让我回到高中母校看一看。当我看到那些学生们英语成绩只有 30 分、40 分时,我想起了我当初从贞丰回来立下的誓言。上海非常好,已经有无数的优秀学子来建设它、发展它。但是我的家乡贵州,在等待着我们这些在外学习的游子回去建设家乡,回报家乡。在贵州渴望读书的孩子们就像贵州的大山一样,就像天上的星星一样,多得让人数不清。想到这里我便不再动摇,我决定回到贵州,回到家乡找工作,哪里招聘高中日语老师我就报考哪里。

2022 年,我先后报名了习水县和遵义市的"筑梦黔行"人才引进,面试高中日语老师,均以失败告终,让我备受打击。但是我的家人们非常支持我,安慰我不要灰心丧气,帮助我重拾信心。此外,当我在贵州找工作参加教师招聘考试需要学院盖章的材料才有报名资格,却无法返回学校盖章时,我的研究生同学周焱、王春梅、陈雅倩等人屡次伸手相助,帮我到学院辅导员处、就业办公室处等办公室找老师盖章,让我能顺利参加考试最终顺利通过面试成功签约。还有我的导师董永杰老师,经常关心我的就业情况,给了我许多鼓励。正是有她们的帮助,我才能实现理想。

三、经验分享

一路走来,我一开始便下定了决心,确定了我的职业规划就是当一名高中日语老师。虽然其中有过迷茫,有过动摇,但这一路上我没有放弃,这六年来的努力学习,六年来每一个重大选择、每一次的努力都使我离我的职业理想更近一步,直到最后的成功。我即将站上讲台开始我的教师生涯,我将不忘初心,铭记习近平总书记的讲话。要肩负历史使命,坚定前进信心,立大志、明大德、成大才、担大任,努力成为堪当民族复兴重任的时代新人,让青春在为祖国、为民族、为人民、为人类的不懈奋斗中绽放绚丽之花。要成为大先生,做学生为学、为事、为人的示范,促进学生成长为全面发展的人。与学弟学妹共勉!

到西部基层去沉淀磨砺，
一路清风朗月自会相随

新闻传播学院 2022 届本科毕业生　吕月弈

毕业去向：2022—2023 年度上海市大学生志愿服务西部计划

一、成长经历

我出生于云南省楚雄彝族自治州，在校期间围绕专业学习开展多项学习活动与社会实践活动。

在学习过程中，我曾连续两次获得上海大学新闻传播学院领导力奖学金；在专业奖项上两次获得相关奖项，包括第十二届全国大学生广告艺术大赛全国赛区平面类入围奖（上海赛区平面类优秀奖）和 2021 学院奖秋季征集活动全国赛区广告文案优秀奖；在品牌研究相关调研中，通过分析哔哩哔哩 IP 品牌价值，完成相关品牌研究手册并获得业界认可。

在学校活动中，我曾任上海大学新闻传播学院学生会外联部部长、上海大学模拟联合国协会副会长、上海大学社团理事会理事、上海大学社区学院人文三班班长、上海大学新闻传播学院 1802 班生活组织委员等。

在实习工作上，我共完成在不同职位的五段实习，实习地点分别为 IPG 埃培智市场咨询（上海）有限公司、上海市风语筑文化科技股份有限公司、广州市汇志传媒有限公司、云南省楚雄彝族自治州南华县市场监督管理局和南华县广电局融媒体中心。其中从 2021 年 6 月至 2022 年 4 月，我就职于国际顶尖 4A 广告集团 IPG 的子公司 Golin Magic，并担任 IMC practice TEAM 的公关实习生。我在实习中印象最深刻的是帮助客户解决公关危机,参与了几次 campaign 的全过程,包括钟薛高、Skechers、harman/kardon、Hoegaarden 等。主要工作为:负责哈曼中国微博、微信公众号、小红书、抖音等平台运营及活动策划;品牌代言人粉丝活动策划协调;中英双语数据整理及内容运营,协助制作数据报告,参与处理客户公关危机。

在学校生活与专业实习过程中,培养了我的协调能力和团队合作能力,得到了学校导师及业界前辈的指导和建议,为我提供了成长发展的平台。

二、方向选择

第一,从学校平台出发,砥砺前行。

上海大学多元化的学习机会和学校社会的双重培养,让我从入学起就立志成为合格的新时代大学生,在大学四年的学习生活中,我始终牢记"自强不息""先天下之忧而忧,后天下之乐而乐"。从社区学院的大类学习到新闻传播学院的专业学习,都试图借助学校这一发展平台开阔眼界,感受上海城市文化与红色基因,去体会常规大学生该去做的、能去做的事。学校生活中能够给的经验,我将其中感兴趣的都尝试了一遍。无论是学习经历、项目组织、社团活动还是情感生活和业余娱乐,上海这座城市和上海大学能够馈赠我的,我都毫不客气地品尝了一遍,去追求自由之思想与独立之精神。感谢上海大学给我带来的绮丽的梦,同时,在上海这座庞大的空中城市的对比下我看到了家乡的渺小,在大学所经历的故事对比下我更加感谢自己的家乡,家乡虽然小到装不下我的梦想和步伐,但是用最温暖平和的方式让我看到一些深邃的故事,我爱家乡的山和云,也希望用浅薄之力为山间发展带去些什么,如同我父母所做的那样,希望"受光于庭户见一堂"。在学习成长中,我逐渐树立了要将上大所赠与的宝贵财富与家乡共享的想法,并试图找到平衡的发展立足点,不断调整学习状态,砥砺前行。

第二,从专业实践感悟,吸纳能量。

我的实习经历从基层工作到外企 4A,虽都是围绕专业内容展开,但却展示了截然不同的多种工作理念,不同环境下的身份变化,让我作为年轻的、新鲜的 Z 世代群体的一员去见证行业的多种景色,使我对世界的渴望再加了一层色彩。在工作中很幸运,无论是哪一个岗位,都遇到了倾囊相授和百般关照的上司和同事。我在选择岗位的时候,怀着最开始对行业的浅薄认知,事随时移,并不清楚哪一个选择是真正适合自己的,只是顺着周围人向前的气流迈出专业实习这一步。

但当真的走进专业实习后,我发现课本里的东西终归"纸上得来终觉浅",每一个岗位都教会了我很多东西。基层工作中面对面出现的交流问题,运营工作用文字全权办理表达业务,公关工作从屏幕的代码转为情感的抒发,品牌工作的建设从无到有、从细节到洪流……每一段经历教会了我不同的技能和感悟,那些书本里课堂上难以言喻、捉摸不透的东西,逐渐在实践中化为宝物。我借助每一段经历带来的星光,不断向前走去,真正开始触摸行业与专业带来的现实思考:你的文字所传播的信息是否能被受众所接受?你所做的工作对品牌建设能带来什么?你所做的每一件事是否能够清晰表达所思所想?在时代背景中,你如何才能掌握伦理与专业的融合?……也正是在不同的专业学习中,我明白了还有更多的世界等着我去探寻,这个年龄最珍贵的礼物就是源源不断的求知欲和好奇感,好像每一个选择都在帮助我形成自由的飞翔姿态,我也更加认识到自己需要去见识去实践的东西还有很多。

第三,用青春力量助力,镌刻成长。

在迎接中国共青团建团 100 周年和上海大学建校 100 周年活动、喜迎党的二十大的时代背景下,我逐渐认识到自己是时代洪流中的一员,在经历上海疫情后又重新审视了自身的追求。比起常规的广告学就业轨迹,我更想要再次成长历练,到西部去,到基层去,回到家乡需要的地方去,在时代里程碑的关口重新磨砺自己的精神。我想将在学校所学所思带回家乡,成为两地思想文化交流的桥梁;作为一个新传学子,我想去做西部故事的讲述者、家乡故事的记录者,去将美丽家乡的发展轨迹镌刻下来。

青春的选择从不只有一种方向,只是取决于心之所向。我的选择有很多,可以选择出国留学,可以选择在 4A 公司转正,但我选择了我更向往的西部计划,选择了到基层到西部去沉淀磨砺自己,去用自己的青春力量打磨成长,我正年轻,我正青春,我是拥有幸运机会书写青春力量的上大人。青年人不该局限于书桌,局限于信息时代跳动的代码,更应该去绽放,去创造这个时代的声音,去见证祖国的发展,去参与时代的选择,去书写对自己来说最具力量的青春故事。

三、经验分享

求职择业或是升学,都只是大学生涯结束的一个象征符号,并不是限制青春力量与自我成长的标志。我们正青春,国家正青春,我们不是自己一个人走在人生路上,我们会遇见为我们提供帮助的人、会经历不完美的挫折、会纠结于迷茫期的混沌,但所走的每一步路都是开启下个阶段的门票。迷茫与封闭的时间并不是累赘而是沉淀,与自己对话,用自己的青春力量读万卷书行万里路,不必否定自己的状态。只要大步向前,朝着春天去,去往下一个春天,凡此过往,都是下个春天话秋天的果。以终为始,一路清风朗月自会相随,不负青春。

第五章

使命担当服务国家战略

以青春之力共赴星辰大海

管理学院 2021 届硕士毕业生　黄川

毕业去向：中共上海市嘉定区委员会组织部（上海市定向选调生）

一、成长经历

我曾任上海学联驻会执行主席、上海大学学生会副主席、上海大学学盟社社长；曾参与负责"筑梦上海 青春畅想"长三角大学生上海地标设计大赛、2019 年"知行杯"上海市大学生社会实践项目大赛等；曾获国家奖学金、研究生数学建模竞赛国家三等奖、上海市优秀毕业生、上海大学百名优秀团员、优秀学生、研究生优秀党员、学生社区"学生标兵"、寒假社会实践"优秀个人奖"、感动管院最具公益爱心奖等。

第一，在知行合一中追寻成长的意义。

2013 年 8 月 17 日，我发了第一条朋友圈"你好，上大"，就这样，我在上大的旅程开始了。匆匆八年，从大一新生到研究生毕业，从上大路 99 号到城中路 20 号，我也从当初的青涩小姑娘成长为更好的自己。于我而言，上大给予我的不仅仅是知识、资源、师友，同时也把我塑造成了一个主动担当、勇于担当、能够担当的年轻人。

第二，行之愈笃，知之益明。

"到西部去，到基层去，到祖国最需要的地方去"，本科毕业后，我加入了这支让青春绽放在西部基层的研究生支教团队伍中。曾有人说，支教是为了把知识带给偏远地区的孩子们；也有人说，支教从某种程度上可以影响偏远地区孩子们的精神追求。在我看来，支教是给孩子们带去一双眼睛、一对耳朵和一副翅膀，让他们可以用这双眼睛、这对耳朵和这副翅膀,去看看外面的世界,听听不一样的声音,放飞七彩的梦想,种下梦想的种子,看着种子在祖国大地上生根发芽;支教同时还是一种志愿精神,是"用一年不长的时间,做一件终生难忘的事"。在遵义真正成为一名老师以后,我才意识到,当我"突然消失"让孩子们惦记时真的很感动,当孩子将简单的关心说出口时10岁的他们真的很细腻,当他们知错能改时真的很可爱,当他们自信地说一定能考100分时我真的很自豪。

支教一年,我和队友们一起认识基层、走向农村,以青春之名,在偏远的山村作出微小的贡献,为中国的教育扶贫事业献出属于青年大学生的力量。我努力教学,让所带班级数学成绩上升至年级第一;搭建桥梁,与上大联动义卖募捐,协调资源带去社会资助。跳出利益,追求意义,孩子们获得知识时的笑脸、留守儿童得到关爱时的感动、老乡们张手拥抱时的热情,这些都不是利益,而是深远的意义、真挚的感情。"争名当争国家名,计利当计人民利",深入基层一线,用行动去感受社会的温度,用眼睛去观察国情的现状。"无尽的远方,无数的人们"其实都和我们有关,正是这份信仰让我们的精神天空更加辽阔。

第三,积微成著,脚踏实地。

我很喜欢周星驰说过的一句话:"做人如果没有梦想,那和咸鱼有什么区别呢?"脚踏实地,仰望星空。既要立足实际,也要心怀长远目标,奇迹不会无缘无故到来,每一分收获都要付出相应的努力,万丈高楼平地起。在负责运营"团在校园 上海学联"微信公众号的一年中,我努力当好主旋律的扩音器、正能量的传递者,在疫情防控期间,累计推出7个大类、95篇推送,累计阅读量突破10万,为打赢疫情防控阻击战营造良好的舆论氛围,努力把打赢疫情防控阻击战转化为进行制度自信教育的生动实践。同时,我也积极参与进博会志愿服务、社会实践等重大工作,以闻鸡起舞、挑灯夜战的工作状态投入工作,参与负责的"筑

梦上海 青春畅想"长三角大学生上海地标设计大赛共计有来自长三角地区50余所高校、200余个团队报名参赛,以青年之"智"为城市地标设计添彩;参与负责的"共青团与人大代表、政协委员面对面"活动有来自全市48支优秀实践团队与人大代表、政协委员面对面交流,进一步推动优秀的实践项目成果落地落实,将青年之"智"转化为参政议政的善方良策。

在市学联的一年驻会工作中,我边学边干、边干边学,扩大了视野、增长了见识、强化了担当,这次经历让我今后思考各类工作时更加具备"大格局",躬身做事时更能做好"小细节"。每一次行动,我都多了一点对知行合一的理解,多了一些认同与感悟,多了一份无畏与热爱。"不驰于空想,不骛于虚声",正是这份实干让我们的人生画卷更加绚烂。

二、方向选择

知行合一,勇担使命。岁月因青春慨然以赴而更加静好,世间因少年挺身向前而更加瑰丽。2021年是一个特殊而重要的年份,我们真切体悟着脱贫攻坚、全面小康、抗击疫情的决胜所带来的喜悦,也深刻感受到新时代青年在实现民族复兴道路上肩负的使命与责任、应有的奋斗与奉献。于我而言,选择成为一名选调生,不是一拍脑袋想出来的,也不是为了随波逐流追求安稳。一年支教让我更加深入地了解了社情国情民情,也让我坚定了走向基层、扎根基层的决心;一年市级机关实习,领导、老师与同事们的帮助令我受益匪浅、倍感温暖,"成为一颗有用的螺丝钉",将个人奋斗融入时代大潮的声音更加响亮。幸福是"奋斗"出来的,而不是"躺平"等出来的。"当代中国青年,是与新时代同向同行、共同前进的一代,生逢盛世,肩负重任。"征途漫漫,唯有奋斗,"险夷不变应尝胆,道义争担敢息肩",正是这份志向让我们的奋斗坐标更为高远。

三、经验分享

有幸成长于新时代,更有幸拼搏于新时代,未来我们的征途是繁花似锦、星辰大海,更是来日方长、夏日永驻,我们如初。让我们怀着同一份热爱,奔赴下一处山海,在顶峰相见。

眼中有山河,手中有本领,
做与时代同向同行的追梦人

悉尼工商学院 2021 届硕士毕业生　于浩波
毕业去向:中共上海市崇明区委员会组织部(上海市定向选调生)

一、成长经历

我是悉尼工商学院会计专业 2019 级硕士研究生,师从李玉博老师,主要研究会计政策变更对企业的影响问题。2014 年参军入伍并以士官身份退伍,曾获上海大学一等学业奖学金、上海大学优秀暑期实践奖、上海大学攀登奖、全军集体三等功等。曾获得中国人民银行、中国农业发展银行、华泰证券等多个 offer,最终选择上海市定向选调生。

祖国的复兴和发展需要有人去当兵,自己作为新一代的适龄青年有责任有义务去担当,抱着这样的想法我在 2014 年以优异成绩考入了中国人民解放军军事交通学院,成为一名光荣的人民解放军战士,不断锤炼的同时获得了团体三等功等一系列荣誉和称号。军校干部这一身份让我意识到日常工作要贴近战士需求,想战士之所想,急战士之所急,同时我也在思考如何在服务战士的基础上去服务更广大的群众。

考研进入上海大学这座红色学府后,在校训指引下,学校组织的一系列公益志愿者活动坚定了我要去基层工作的决心。我在疫情期间第一时间奔赴社区志愿者岗位,与民警一起维持社区安全。在暑期社会实践中,我奔赴浙江农村,通过网络直播等方式解决当地因疫情积压的农产品问题。对我而言,这些基层服务工作的价值所在,就是能在社会的最平凡处、最贴近群众的地方,用自己的努力为这个社会做出一点改变。而作为一名共青团员,我更有责任和义务脚踏实地,苦干力行。对基层工作孜孜以求,不仅可以创造我自己的出彩人生,更能够成就一番有益于时代和人民的事业。

不仅如此,上海大学悉尼工商学院更培养了我理性思辨、兼容并包的人格,塑造了我认真敬业、踏实肯干的精神。两年以来,悉商的老师们一直教导我们,要心怀天下,用行动践行"先天下之忧而忧,后天下之乐而乐"。对于未来的规划,比起眼前所能看到的,我们要把眼光放得更长远。

二、方向选择

"道虽迩,不行不至;事虽小,不为不成。"在面临择业的时候,我在一系列 offer 和上海选调生中,最终选择了留在这里,是因为上海不仅是全国最大的经济中心,更是改革和发展的前沿阵地。留在上海,我不仅可以学习到最先进的基层工作经验,更能用专业所学亲自参与社会治理的深度创新。青年兴则国家兴,青年强则国家强。我希望不断提升专业素养和工作能力,不仅能做一个问题的解决者,更能做一个机会的发现者;不仅可以在职责权限范围内助力社会问题的解决,更能让城市真正成为人民享受美好生活的场所。不论每个人对社会的发展进步有何种想法,不加以实干就永远不会成为现实。作为一名选调生,我始终督促自己,既要仰望星空,也要脚踏实地,发挥"自强不息"的上大精神,做时代的追梦者和圆梦人。

"当代青年是同新时代共同前进的一代,青年既拥有广阔发展空间,也承载着伟大时代使命。"生逢其时,重任在肩。或许一个人的力量是微小的和有限的,但若我们都能秉持"功崇惟志,业广为勤"的信条,胸怀理想,志存高远,不辱时代使命,不负人民所托,中华民族伟大复兴的中国梦必将在我们的接续奋斗中变成现实。

三、经验分享

给未来有志进入选调生行列的学弟学妹们分享几句话共勉：

第一，志存高远、坚定信念，眼中有山河。赓续上大红色基因，把小我融入祖国大我、人民大我，与时代同步伐、与人民共命运，让人生境界在火热实践中升华。

第二，勇于担当、甘于奉献，心中有人民。洗去"书生气"，长读"无字之书"，和群众"打成一片"，用自己的眼睛去发现群众最真实的需求，用自己的耳朵去倾听群众最真实的呼声，用自己的脚去丈量祖国发展的步伐，用自己的双手和群众一起建设美好家园。

第三，学以致用、坚韧不拔，手中有本领。正确看待艰辛和不易，不因为过程艰苦而怀疑奋斗的价值，经风雨、见世面，壮筋骨、长才干，把人生志向转化为奋斗动力，让知识本领成为青春搏击的能量，在广阔天地摔打历练，丰满人生，砥砺奋斗，成就未来。

心有所信,方能行远

上海电影学院 2021 届硕士毕业生　华旻磊
毕业去向:中共上海市杨浦区委员会组织部(上海市定向选调生)

一、成长经历

曾获全国优秀共青团员、全国百名研究生党员标兵、中国大学生自强之星、上海市优秀共青团员、上海市大学生年度人物提名奖、上海市优秀毕业生、上海市暑期社会实践先进个人、全国铁路优秀志愿者、贵州省优秀西部志愿者、校一等奖学金、校学生党员标兵、优秀党务工作者、优秀学生干部、优秀学生、优秀毕业生、百优团员等荣誉和称号。

第一,小我融入大我,青春奉献祖国。

我在大学期间历任校学生会主席、校青年志愿者协会秘书长、校社团联合会副主席、学院研究生党总支副书记、党支部书记、班长等。党务工作中,我创新党建活动形式,时刻发挥模范带头作用;志愿服务中,西部、疫情、春运,处处有我奉献的身影;学术科研中,我刻苦努力,发表 SCI、核心论文、专利、专著等多项成果,多次获得校一等奖学金。

第二,牢记使命,做新时代的党员先锋。

作为一名学生党员,我始终明白自己身上的责任,充分发挥党员的先锋模范作用,努力成为一名具有创新思想的新时代青年。

研究生期间,我担任学院研究生党总支副书记、党支部书记,组织筹办线上线下主题党日活动 20 余次,受到师生的高度认可;在此基础上,我还创新党建活动形式,突出专业特色,搭建思政学习"线上打卡"等党建品牌活动,结合新时代青年人的学习习惯,善用互联网新媒体手段,带动研究生党员扎实学习理论知识,提高党员参与党建活动的持续性与积极性。无论是"不忘初心、牢记使命"主题教育,还是党史学习教育,我都积极筹备,逐步实现了以专题报告、党建沙龙、支部联合大学习、志愿服务为依托,全方位、立体化的党员教育模式,夯实政治思想引领。思政学习"线上打卡"项目获得上海大学第十六轮党建好项目二等奖,我也获得了全国百名研究生党员标兵、全国优秀共青团员、上海大学优秀研究生党务工作者等荣誉称号。

第三,不忘初心,做志愿公益的践行者。

我是一名公益活动的爱好者,进入大学后,积极投身于志愿实践服务中。几年来,我做过"挑战杯"、第十二届中国艺术节、科技馆、自然博物馆、樱花节、皮划艇赛、菊花节、献血等活动和场馆的志愿服务工作。2021年是我做铁路春运志愿者的第七年,其间我服务过上百名特殊困难旅客,获评全国铁路优秀志愿者。服务过程中,我会将旅客常见的问题记录在一本服务手册上。七年的志愿服务工作记录使这本服务手册被记得满满当当,里面都是满满的服务"干货",还被铁路上海站汇编成为志愿者集中培训的材料。

作为上海大学第五批研究生支教团的团长,我曾在西部开展了一年的扶贫支教工作。贵州是全国脱贫攻坚战的主战场,作为一名支教老师,我时刻关心孩子们的成长,联系社会资源和爱心人士进行一对一的助养帮扶,为乡村学校教育和扶贫工作添砖加瓦。乡村小学生几乎接受不到艺术教育,于是我在学校开设免费的口风琴课,成为孩子们每周最大的乐趣……在我的带领下,上大研支团获评贵州省优秀研究生支教团,我获评贵州省优秀西部志愿者称号。服务期满回校读研期间,我依然怀着对西部教育扶贫工作的眷恋,作为联系人搭建起上海大学基础教育集团与支教地小学的桥梁,开展校际的结对帮扶。我还组建社会实践团队开展"黔心黔意"乡村小学儿童生理健康教育现状调研项目,深入西部地区调研,为政府和有关部门提供有价值的数据,获评上海大学社会实践优秀个人和优秀项目。中央电视台、上海电视台和《解放日报》《中国青年报》《上海日报》《新民周刊》等主流媒体对我的志愿故事进行过专题报道,上海人民广播电台《百姓故事》栏目还制作成节目播出。

第四,自强不息,做疫情防控的参与者。

疫情发生后,为加强防疫宣传,我在学院党建平台策划开展了多期"疫情防控"主题的线上学习活动。我还将专业技能结合党建平台,与导师所在科研团队紧急开发了一款智能舞蹈App"学跳民间舞"供学院研究生同学居家防疫健身。

看到无数的医务工作者奔赴抗"疫"前线治病救人,我也想为这些"白衣战士"做些什么。于是,我立马报名参加了上海市新冠肺炎疫情防控志愿者,对接上海市首批援鄂医疗队员家庭为他们的子女进行网络"云辅导"和心理陪伴。我每天认真备课、讲课,很大程度上减轻了医护人员的后顾之忧。但是我深知,与广大在一线争分夺秒的医务和防疫工作者相比,自己所做的事情其实微不足道,但是能够成为一名服务抗疫的志愿者,疫情防控工作的参与者,我感到十分值得。

二、方向选择

在毕业后,我成为上海市杨浦区的一名选调生。其实报考选调生的想法,起源于自己在西部支教的经历。通过在西部这一年的调研、扶贫,我接触到了基层人民群众的生活,锻炼了自己在基层工作中吃苦耐劳、自力更生、解决困难的能力,更坚定了我想在未来继续扎根基层服务人民群众,为城市的发展和建设作出贡献的决心。

三、经验分享

心有所信,方能行远。也希望学弟学妹们努力晨曦赶路、向上攀登,以时不我待、只争朝夕的精神,奋力走好新时代的长征路,向阳而生,勇往直前!让青春年华在为国家为人民的奉献中焕发出绚丽光彩。

迎难而上做一名在基层发光发热的担当者

悉尼工商学院 2021 届硕士毕业生 罗芮

毕业去向：上海市奉贤区人民政府奉浦街道办事处

一、成长经历

毕业后我将成为上海市奉贤区奉浦街道的一名公务人员。回想起来，是学校、学院让我的个人能力有了较大的提高，让我有了更加广阔的视野和更深层次的思想。

在校期间，我有幸参加了上海大学悉尼工商学院"建立健全浦东新区教育领域核心绩效指标和标准体系"课题，辅助老师完成浦东教育局教育支出绩效评价体系的建立。在研究期间，我受到了课题组各位老师的专业指导，在实践和科研结合中，让我对绩效评价、预算管理有了更加深刻的认识，并最终顺利完成了相关论文的写作。上海大学是个机会多且公平的地方，只要我们有爱好、肯努力，机遇就很可能属于你。由于我平时比较偏向社会责任、评价体系等内容的论文阅读，才能有机会参与自己感兴趣的课题。所以希望学弟学妹们在专业上一定要有自己感兴趣的内容，并且要坚持阅读和研究，"机会总是留给有准备的人"。作为一名研究生，提高自己的专业知识水平和科研能力是十分必要的。这段经历不仅让我在专业知识和个人能力上有了很大提高，还让我收获了亲密无间的合作伙伴，体会到了团队合作的意义和快乐，这对我以后的生活和工作都有很大的益处。在科研之外，我还注重综合能力的发展。在校内，我是上海大学研究生联合会综合管理部的干事；在校外，我是天职国际会计师事务所的审计实习生，参与 IPO 项目的审计工作。

在这里,我想谈谈我最注重、喜爱的调研类活动,没有这些经历就不会有今天获得"攀登奖"的荣誉。这些经历带给我的成长正如"攀登"二字——保持信念和勇气向前进。本科时,我曾就我的家乡盱眙县的特色产业——龙虾产业的发展连续两年暑期组织团队,从养殖端、销售端、文化宣传等各个方面展开实地调研,为家乡的产业发展起到了积极的宣传作用。我享受调研的过程,调研是认识、解决问题的基础,在这个过程中自己的认知越来越深刻,发现越来越多一开始根本想不到的问题。正如一开始我带着宣传的想法对我的家乡展开宣传调研活动,但在和养殖户、饭店、消费者等各类群体的接触中,我和我的团队发现当地实际的产业发展行情已进入瓶颈期,于是我们把重心从宣传调研转移至了问题对策调研。在这个过程中,我遇到的最大困难是难以深入人心,取得群众信任。人是基础,是一切,只有深入人心才能了解群众的想法,我们为家乡发展提出的建议才有参考性可言。在和当地龙虾饭馆老板交流考察时,我遭遇过不理睬、拒绝甚至是辱骂,在街头发传单采访时,也一样遭遇过拒绝和无视,在社区走访时经常遇到不理解的老年人。是信念、热爱和勇气让我坚持到最后。如果我在第一次被拒绝的时候就放弃,那么断然不会有现在的我投身于公共服务之中。我不由得想起大钊先生在寻找救国的科学理论时,深入工人、农民调研的前瞻性和实干精神,正是这样的"坚定信念、不断试错、行动起来",一步步深入群众,一步步攀登前进,大钊先生才写下了《我的马克思主义观》。

二、方向选择

在我以后的基层工作中,我将具体负责老年人、残疾人、退伍军人的权益维护工作,会有越来越多的机会和不同的群体交流,能看到更多社会民生方面的实际问题。我将面临更大的挑战,因为从群体特征来看,老年人可能存在不信任、不会写字、难以理解政府政策等问题,残疾人可能存在心理障碍问题,退伍军人可能存在就业需求难匹配问题,这些都将影响沟通办事的效率,但我相信以往经历带给我的"信念、勇气和沟通"一定会让我如虎添翼,真正做好一个基层人。其实每行每业都需要坚定的理想信念来支持,需要勇气来面对工作的困难,需要沟通来化解问题。对于我来说,我的"信念、勇气和沟通"正是在一次次调研活动中培养出来的,也希望学弟学妹们能在平时多把握和社会群体交流的机会,增强自己解决问题的能力。寒暑假的社会实践是个很好的方式,平时的一些志愿活动也可以极大地锻炼自己。读研期间我的兴趣爱好便从调研实践活动转为了志愿服务活动,我认为它们的共同点都是需要我们学会与人交流、不怕吃苦,并且志愿活动类型多、机会也多。

三、经验分享

总的来说,我们每个人在以后的工作中都需要带着问题进行探索调研,在探索的过程中会遇到更多的问题和困难,而这时候需要的就是信念和勇气,坚持下去,锻炼自己与社会群体交流的能力,并最终解决问题。这个过程正如攀登高峰,在一开始我们带着对峰顶的未知和想象出发,在途中我们发现了更多没有预料到的问题和困难,但是我们拥有坚定的理想信念和攀登技能,最终登上了高峰。

对于我来说,我的信念是为弱势群体服务,把他们的利益诉求放在首位,力争缩小他们与社会的距离,减少"被抛弃"的感受,同时在遇到各种困难时拿出愈挫愈勇的勇气,并利用好"沟通"这个技能,深入群体之中,实际调研倾听他们的心声。

衷心祝愿学弟学妹们可以找到自己的兴趣爱好和职业理想所在,勇攀高峰,获得更大的成就!再次感谢母校给予我的这份荣誉,我将带着上大人的精神,自强不息,"先人民之忧而忧",在基层岗位上发光发热!

肩负时代重任,彰显青年担当

材料科学与工程学院2021届硕士毕业生　宋泽君

毕业去向:上海复旦微电子集团股份有限公司

一、成长经历

研究生入学后,秉着一颗为人民谋幸福、为民族谋复兴的初心,我再一次向组织提交了入党申请书,在不断提升自己思想觉悟、提升自己的综合素质的前提下,我于2019年正式加入中国共产党。入党后我依然保持着自己的初心,继续提升自己的专业知识水平,尽力将自己的研究生课题完成得漂亮,并且在疫情期间第一时间参与社区抗疫,加入社区抗疫志愿者队伍。在校期间曾获2019—2020年度上海大学优秀学生称号。

二、方向选择

2020年6月,我开始着手准备找工作的事宜,我认识到作为一名应届毕业生,找工作的一大重点就是自身的在校表现、学习能力以及专业技术水平,而这在面试官眼中最直观的体现就是自己的课题完成度以及在校期间取得的荣誉和科研成果。所以,想找一份心仪的工作的先决条件就是圆满完成自己的学业。

我了解到国家正处于集成电路人才紧缺时期,而在如今信息技术飞速发展的时代,芯片事业的发展与科技发展和国家战略息息相关。回想起学院开设的半导体材料课程,以及我对半导体材料的知识积累和半导体器件物理的了解——半导体学科正是集成电路产业的基础学科之一，于是我开始了解半导体产业链的形成以及各个环节所需的专业知识和涉及的专业领域。集成电路设计正是整个半导体产业链的重要一环，当前也是在这个环节国家需要大量人才来突破国内自主研发芯片的瓶颈以打破国外的垄断。

但是由于集成电路设计行业涉及电工电子等相关知识，而我们材料专业所开设的大部分学科和涉及的知识领域更为对口的行业是产业链中的集成电路制造业。为了更好地体现出自己的学习能力，我开始自学电路基础和数模电的基础内容，在网上报名学习相关课程，使用EDA工具（集成电路设计过程中所需要用到的软件）进行实操训练等，通过一系列方式来减小自己与这个行业的差距。如果在校期间提前完成了学业任务，在征求导师的同意下可以去企业实习。实习是最有效的入行方式，但如果学生的校内任务尚未完成，公司可能会考虑到学生的实习出勤率太低以及实习期间的专注度不够而回绝实习申请。公司招聘实习生一方面是为了培养人才，另一方面更是需要解决当前的人手短缺问题。

作为一个跨专业找工作的应届生，刚开始找的时候屡屡碰壁，起初投了很多份简历，参加了大大小小的招聘会，跑了很多家公司去现场参加面试，也遭到了很多公司的拒绝，但是在每一场笔试和面试中我都会总结经验，从中改善自己，砥砺前行。从各个公司出的笔试题中归纳出哪些知识点是IC设计工程师眼中尤为重视的，从多场面试过程中感受到IC设计工程师对应届生的期待和要求侧重于哪些方面。跨专业固然是一个硬性的原因，但是研究生阶段培养了我们一个重要的能力就是自学能力，只要自身对IC设计相关专业知识的学习足够主动且扎实，能凸显出自己过硬的学习能力，也许专业学习的深度不如科班出身的同学，但公司总归是愿意培养一个学习能力强、综合素质优秀的应届生。后来我与上海复旦微电子集团股份有限公司签订三方协议。

三、经验分享

恩师朱兴文老师曾教诲我：如果将找工作这件事看成一个题目，那么它将不存在标准答案，工作没有好与坏之分，只有适合与不适合。我们每个人在找工作的时候先要根据自身的情况，了解清楚自己的能力和需求，才能找到适合自己的工作。衡量一份工作与自己适合与否，有很多个参考方向，工作的性质、时间、结合自身能力的未来发展空间以及薪资报酬等，要将这些方面与自身做一个综合的衡量，才能明白自己心仪的工作是怎样的。年轻人找工作不要仅仅执着于眼前，更要放眼未来，明白自己追求的方向和目标，初入社会的时候不是追求安逸的时候，要主动寻找难题，磨砺自己，才能让自己以后的路变得更加长远更加平坦。

找工作就像是买西装，不同的品牌会提供不同的标准尺寸，而我们每一个人拥有自己独特的身材，也许在这些标准尺寸和万千身材中存在着一些巧合的匹配，但大多数人还是需要根据自己的身材去量身定制才能拥有一套合身的西装。不同的是，有的人不断地进入新的店面，寻找着一套又一套成品，期待着能找到合身的那一件，既浪费时间又漫无目的，也许最后落得一场空；而有的人从一开始就量准了自己的身材数据，摸清了自身具备的条件，去到自己中意的那家店，定制属于自己独一无二的那套西装。

吾辈当自强,不负少年华

力学与工程科学学院2021届本科毕业生　徐嘉

毕业去向:上海建工四建集团

一、成长经历

我于2016年响应国家号召应征入伍,服役期间荣获旅级嘉奖"优秀士兵"称号。退伍复学后,我努力学习专业知识,积极参与学科竞赛以及志愿服务活动,曾获上海大学优秀学生、上海大学第十二届"自强杯"大学生课外学术科技作品竞赛校级三等奖、自强不息奖学金、爱心公益奖学金等。

回顾大学生活,感触颇深,既为自己在学业上取得的成绩感到高兴,也为自己能从工作和实践中得到锻炼感到欣慰。

携笔从戎,热血筑青春。"天将降大任于是人也,必先苦其心志,劳其筋骨,饿其体肤,空乏其身,行拂乱其所为。"我始终相信只有经历困难和挫折才能实现自己的梦想,而军营就是我为自己选择的历练之旅。2016年9月,我响应国家号召应征入伍。打靶、拉练、单双杠、包扎救护、防毒、手榴弹投掷等常态训练提高了我的综合素质,也练就了我坚韧严谨和认真负责的品格。最重要的是,两年的军旅生涯让我快速成长,变得敢想、敢闯、敢拼。由于在军营里表现优秀,我拿到了旅级嘉奖"优秀士兵"称号。2018年,我退伍返回校园。军营里不惧挑战、敢为人先的信念成为指引我走好人生路的光明航标。我努力学好专业知识,成绩取得明显进步,平均绩点显著提升,并且积极参加学科竞赛,荣获上海大学第十二届"自强杯"大学生课外学术科技作品竞赛校级三等奖。作为班内体育委员，我积极带领同学们开展体育活动，有很强的组织协调能力和团结合作精神，带领全班同学树立注重运动健康的意识。同时，我热心志愿服务活动，在疫情居家期间，严格要求自我，做好自身防护的同时，还加入社区组织的志愿者队伍，查体温、发口罩，为社区安全做力所能及的事情。

二、方向选择

从一线基层做起。在大学生整体追求更高学历的大环境下，我选择了就业。大多数土木学子毕业后的主要从业方向是建筑行业，而这个行业意味着相比那些坐在办公室工作的同学要承受更多的风吹日晒和辛苦。很多学长和同学因此都选择转行或者从事其他方面工作，而我依然坚定选择专业对口相关方向工作。

第一，作为一个退伍大学生，我深知服务基层发展、服务国家战略的重要性，也愿意成为大形势下的一颗螺丝钉，响应国家的号召，到基层、重要行业和领域去工作，越是没人愿意从事的工作我越要去参加，我不怕吃苦受累，我只怕自己对社会没有做到应有的贡献。

第二，我进入的是上海建工旗下最好的子集团，薪资待遇和发展前景没有低于我的期望。

当时在选择工作单位的时候，我联系过很多已经参加工作的同学，了解了各个公司在行业里的口碑待遇等，也咨询过学院主管就业老师，种种对比之下，上海四建是我最期待也是最满意的工作单位。从我个人水平分析，服役时我是优秀义务兵，复学后我是优秀大学生，有能力也有能量进入上海四建开始我的工作生涯。参与到一线工作可以提早更好地满足岗位需求，成为更高素质的劳动者。先进入公司就业，利用公司的平台，能够学用结合，取得工作或经营管理经验，可以不断积累和提高自身各方面的能力。在这样一个管理制度完善的公司里，站在新的大舞台上,我将有更多的机会发展自己,使自己成为行业的标兵、学校的骄傲。

三、经验分享

第一,心态很重要。在学校里,难免会有同学先拿到 offer,但是你也要相信自己,你已经很努力了,找工作比的不是速度,而是找到真正适合自己的工作。即便有的同学现在没有拿到 offer,那也是因为时机没到,现在能做的,唯有不断学习,不断地提高自己的职业竞争力。

第二,求职途径很重要。正式秋招是最重要的!在宣讲会上,你面对的只是同批次参加宣讲会的人,而在线上公司,全国各地优秀的人有很多很多。多看多问多调查,才能够找到自己想要的工作。

第三,不建议海投。因为这样找工作没有目的性,效率也很低。没有必要辛辛苦苦地跑三四十家宣讲会,疲于奔命。建议根据自己的实际情况,与现实情况进行对比,做好个人职业规划,清晰地了解自己之后,再调研行业和公司背景,最后进行能力与现实的匹配。这样才能确定自己的定位,找到最适合自己的工作。

创造有质量的音乐,传播动人音乐审美

音乐学院 2021 届本科毕业生　王晨璐

毕业去向:上海幻乐演出经纪公司(创业)

一、成长经历

光阴似箭,日月如梭。2017 年 9 月,我来到上海这座美丽的城市,成为上海大学音乐学院一名学子。一转眼,四年过去了,四年里,我一直遵守纪律,勤奋学习,努力做到德才兼修,同时积极参加校内外的活动,力争学习水平和工作能力全方面发展。7 月,我顺利毕业并取得学士学位,被评为 2021 年上海市优秀毕业生。

在上海大学学习期间,我一直严格要求自己,努力学习,不断进步,认真学习好各门课程,我的总绩点在学院排名第六,专业成绩排名第五,一次性通过英语四级考试。2020 年,获上海大学学业二等奖学金。"纸上得来终觉浅,绝知此事要躬行。"我知道书本上学到的知识要在实践中才能得到巩固,为了在实践中锻炼自己,大一我就参加香港国际声乐公开赛,获得上海赛区二等奖和全国赛区三等奖的成绩。另外,我积极参加学院的各项演出,大三时被选为优秀代表参加学院的首日教育展示。

在认真抓好自身专业学习的同时,为了更好地锻炼自己、培养自己的能力,同时也增加为学院作贡献、为同学做服务的机会,我大一就加入院学生会。从任宣传部干事做起到宣传部部长再到学生会主席,我勤勤恳恳、踏踏实实写好每一份稿件,做好每一次推送,积极参与和策划学院开展的一系列活动。我凭借自己踏实勤奋的工作,赢得老师和同学们的信任,个人能力、协调能力、工作经验等都得到了很大的提高。2018年,我被评为上海大学音乐学院第五届团委学生优秀部员;2019年,我被评为上海大学优秀学生干部;2019、2020年,两次获得上海大学领导力奖学金。

我的专业是声乐表演,大一我便加入了上海大学合唱团,大二担任女高声部部长,大三担任合唱团团长。协助老师策划组织了多次活动和比赛,2018年获得全国大学生艺术展演合唱一等奖,我还多次获得合唱团奖学金。

秉承上海大学矢志创新的成长氛围,我在学术上也取得了一定的成绩。作为项目负责人,我带领小组成员共同完成大学生创新创业项目"探索社区音乐教育的新途径——中老年社区声乐沙龙活动的推广与研究"。

二、方向选择

为了让自己早日适应社会,让专业知识学以致用,大二起,我便开始在琴行兼职,接触上海的音乐教育行业,认识了很多的老师和朋友。兼职,让我第一次从一个被教学者的视角转换到教学者视角。在和这些学员交流过程中我发现,在学音乐的过程中,一个好的标杆是非常重要的,因为人总是会下意识地去模仿自己喜欢的人的唱腔或者姿态。比如,跟我一代的年轻人的偶像大多数是周杰伦和林俊杰,年龄稍大的阿姨和叔叔喜欢的是彭丽媛和一些美声民族歌手,小朋友的偶像正处于培养当中。让我感到不解的是不少10—18岁的青少年喜欢抖音上的不知名歌手。我觉得这是很悲哀的事情,目前大部分抖音神曲属于快消文化,这些歌曲当下听可能会觉得很洗脑,但会迅速被遗忘和淘汰。艺术是相通的,我们国家的青少年不应当每天刷着短视频,听着质量不高的音乐,模仿那些有气无力的唱腔,而应该接受正确的音乐审美,追逐值得追逐的明星,树立正确的价值观。我们当年有很多人因为喜爱周杰伦而开始提笔写歌,最终走上音乐之路。所以,一个优秀的、正能量的标杆非常重要。

在意识到这一点后我便思考,要如何才能创作出有质量的音乐呢?后来我在学校的社团认识了一些朋友,多次参与校内及校外的演出活动,获得了很多演出活动的资源,也结识了一些优秀的青年歌手、乐手、制作人及经纪人。在这个过程中,我发现演出经纪这一块业务非常有市场,市场上缺乏可以同时提供优质艺人资源、完整演出设计和艺人专业培训的经纪公司,很多机构、企业或者社会团体都需要这类服务。我希望未来打造出一些优秀的创作型歌手,在仔细思考和探索之后,我创立了自己的公司——上海幻乐演出经纪公司。公司正常运作,先积累一些原始资金,寻找合适的人签约并培养。目前已经签下一位男艺人,该艺人的声乐很有优势,会弹奏吉他、钢琴,但仍需要练习,同时,他正在进行初级编曲课的学习,自己可以创作出简单的旋律片段,是一位不可多得的人才。相信未来我可以建立一套完整的公司运营体系,签约更多的音乐人才。为了实现目标,我一定不忘初心,砥砺前行。

三、经验分享

劝君惜取少年时。各位仍然在校的同学,要珍惜每一次学习机会。锲而舍之朽木不折,锲而不舍金石可镂。拳不离手曲不离口,声乐的学习需要日复一日坚持不懈地练习。各学科专业均是如此,想要取得成绩是离不开积累和不断实践的,唯有脚踏实地方能厚积薄发。同时也要合理地规划好时间,在学习和生活之间寻找一个平衡点,学得用心、玩得尽兴。在大学生活中,我们除了学习,还可以适当地早早接触一下学校以外的世界,因为我们大部分人迟早是会步入社会的,在大学期间合理运用自己的课外时间,去参加课外实践,去校外兼职,去认识一些各行各业的人,学习校内所学不到的知识,也是一种积累。渐渐地,我们会找到自己的目标和人生方向。

  大学阶段作为与社会接轨的重要阶段,对我们的一生起着至关重要的作用。告别昔日紧张而忙碌的备考生活,走进一个截然不同的新环境,充分的空间意味着自由,同时也时刻考验着我们。精彩与黯然只有一步之遥。如何给自己定位,对我们显得尤为重要。大学不只是书本的简单堆积,讲究的是知识与实践的紧密结合。摆正自己,定位自己,鲜花永远在前方,而我们永远在路上。

  雄关漫道真如铁,而今迈步从头越。长风破浪会有时,直挂云帆济沧海。我坚信,在经过学习、探索、失败、总结、再探索……这样一个过程之后,我们终会到达理想的彼岸,因为阳光总在风雨后。

心怀航海梦,践行赤子心

材料科学与工程学院 2022 届硕士毕业生　蔡锦钊

毕业去向:中船九江海洋装备集团有限公司

一、成长经历

我来自江西的一个农村家庭。从小看得最多的场景就是周边哥哥姐姐初中毕业后就回家务农或者打工,但我想走出去看看外面精彩的世界,所以我坚持选择考研,实现了踏出去的重要一步。我师从汪宏斌副研究员,主要研究方向为氢燃料电池双极板涂层改性。曾获九江市濂溪区"阳光公益"志愿者称号、江西省第一届卓越计划结业证书、国家励志奖学金等。获得中芯国际、东风汽车、上海发那科、雄韬股份等的offer,最终签约中船九江海洋装备集团有限公司。

二、方向选择

研究生生活给我的最大的启发,便是让我明白了什么叫作责任。读研之前我认为人生无非就是通过学习找到一份工作,然后依靠通过工作得来的薪水来满足自己的衣食住行等物质需求。换句话说,过去的我认为人生就是一个赚钱花钱的过程。但在硕士期间的种种经历,让我原有的想法彻底改变。在上大,我看到一位退休老教授不要薪水,早起晚归来到实验室指点学生做实验;我看到一位成绩优秀的学弟弃笔从戎,参军入伍,在大西北挥洒青春;我看到一位毕业的师兄放弃了互联网公司三四十万年薪的工作,通过选调回到了家乡基层工作。我想,老教授是想着为社会再培养出一批人才,学弟是想着为保卫国家尽绵薄之力，毕业的师兄是想着用所学知识服务当地百姓。他们并没有觉得自己非常伟大，而是谦逊地觉得自己只是在承担该承担的责任。

事实上，责任有小有大，就小的方面而言，包括做好自己，不给别人带来麻烦；就大的方面来说，包括服务社会，为国尽力。就我个人而言，我以前总认为应当进入企业追求高薪。而现在，我的观念改变了。我觉得成为国家和社会中一颗小小的螺丝钉，也是一个值得骄傲的选择。

我之所以选择中船九江公司，一方面是出于家庭位置原因，家近方便，央企稳定有保障；另一方面是对于祖国军工国防航海事业的情怀，心怀航海梦，践行赤子心，为祖国航海事业和家乡发展作出力所能及的贡献。凡是过往，皆为序章。不久之后，我将走上工作岗位，翻开人生中新的一页篇章。我相信，我能在未来的工作生活中取得更好的成绩，为祖国国防事业贡献出自己的一份力量。一日上大，终身上大。我始终牢记"自强不息""先天下之忧而忧，后天下之乐而乐"，温柔且坚定，知足且上进，将其体现在我未来的行动之中，回报祖国，回报社会，给母校一个完美的答复。

三、经验分享

挖掘自己的兴趣点，除了薪酬福利和行业前景等因素外，兴趣也是求职中非常重要的一点。首先我们在平时要注意挖掘自己的兴趣点是什么，并在求职中要看看职位描述是否与自己的兴趣相关。对于自己感兴趣的工作，我们必然愿意花费更多努力去为之奋斗。

脚踏实地，勇于实践，在不耽误学业的前提下，我们在研究生期间可以多利用空闲时间参加一些实习实践活动，丰富自己的相关经历。在求职的过程中，能否获得 offer 的关键因素就是个人与心仪岗位的匹配度是否较高，而这一点又取决于我们是否有着相关的项目或实习经历。因此，走出校园、勇于实践对于我们的求职之路有着较大的益处。

学会在挫折中成长。求职的过程必然不是一帆风顺的,我们在这个过程中会遇到许多的挫折,重要的是我们要学会在挫折中成长。面对校招面试的失利,我们要学会总结自己表现不好的原因,并且对不足的方面在平时加以训练、不断弥补自己的缺陷。在经过一次次的挫折磨炼后,我们求职的成功概率会不断提高。

深耕自身专业领域,弘扬航空报国精神

机电工程与自动化学院 2022 届硕士毕业生　徐挺越

毕业去向:中国商飞上海飞机设计研究院

一、成长经历

我师从吴智政教授,研究方向为自适应主动振动控制,发表 SCI 论文 2 篇、IEEE 会议 2 篇。曾担任 2019 级精密机械工程系研究生第一党支部书记,在校期间获得上海市优秀毕业生、上海大学优秀学生、上海大学优秀党员先锋、上海大学一等学业奖学金、上海大学二等学业奖学金、上海大学"和宗焊接"奖学金、"华为杯"全国研究生数学建模竞赛三等奖、上海大学优秀志愿者等荣誉和奖项,做过上海大学迎新活动志愿者、IEID 国际会议志愿者和疫情期间的楼宇志愿者。即将入职中国商飞上海飞机设计研究院机载软件岗位。

二、方向选择

研二至研三的暑假里,很多公司就开始了秋招的提前批。而我也开始了解自己向往的企业及其岗位需求,并对照公司岗位要求准备自己的简历。目标公司主要分为五类:以阿里、华为、腾讯、京东等为主要代表的互联网企业;以上汽、蔚来、小鹏等为主要代表的老牌及新兴车企;以西门子、大陆、施耐德等为主要代表的外资或中外合资企业;以上飞院、中船各研究所等为主要代表的央企国企单位;全国各基层选调生和公务员岗位。结合自身的专业和兴趣,我希望能够为国家的事业贡献自己的力量,希望能在专业领域深耕。在秋招季,我通过了多家公司的面试,拿到了上飞院、上汽大众、三一重机及海尔集团等的 offer。同时我在 2021 年 12 月通过了上海市公务员考试的笔试,由于疫情,面试推迟。

  我之所以选择上飞院,一方面是出于个人对中国大飞机事业的情怀,另一方面是由于上飞院能提供一流且稳定的工作环境和后勤保障。2014 年 5 月 23 日,习近平总书记在中国商飞设计研发中心视察,登上 C919 大型客机展示样机时说:"我们要做一个强国,就一定要把装备制造业搞上去,把大飞机搞上去,起带动作用、标志性作用。""中国是最大的飞机市场,过去有人说造不如买、买不如租,这个逻辑要倒过来,要花更多资金来研发、制造自己的大飞机。""中国大飞机事业万里长征走了又一步,我们一定要有自己的大飞机。"2015 年 11 月 2 日,我国自主研制的 C919 大型客机在上海中国商飞公司总装下线,习近平总书记说:"希望大家继续弘扬航空报国精神,坚持安全第一、质量第一,脚踏实地、精益求精,扎实做好首飞前的准备工作,为进一步提升我国装备制造能力、使自己的大飞机早日翱翔蓝天再作新贡献。"伴随着我们国家的 C919 飞机飞行成功并投入市场,我们要想让中国人自己的飞机在国际市场上具有竞争力,就必须保持自主研发能力,尤其是需要在机载软件上不断完善,不断提升飞行安全性与各项服务。我相信并愿意在上飞院里奉献自己的青春,中国大飞机事业一定大有可为!

三、经验分享

  同学们在寻求毕业去向之前,首先要清楚自己的目标方向:是继续读博深造还是进入工作岗位?是继续留在上海还是回到家乡?是否继续从事本专业相关工作?其次,要多方面拓展就业渠道与了解就业信息。就业不仅仅是知识储备的比拼,更是信息获取能力的体现,同学们可以提早与上一届的师兄师姐多多沟通,了解上一届直系的就业去向对自身有很大的帮助。在校期间,我们的专业知识是未来安身立命之本,所以我们一定要打造好自身的专业能力;同时,我们一定要把自身的学习同国家大势紧密联系在一起,只有与国家和社会同频共振,才能最大限度地发挥自己的价值。除此之外,"上大就业"作为我们学校官方的就业公众号平台,也会为我们推送大量优质可靠的就业资源。当然也可以同时关注"同济就业""清华就业"等公众号平台,多方面拓展自己的就业信息渠道。我们要完善个人简历和知识储备。个人简历务必真实客观,切忌夸大作假。在面试方面,要多多积累面试经验,自信是关键,不怯场是前提,谈吐力求大方得体,敢于表达自己的观点与想法。

在知识储备层面,以我的个人岗位举例,机载软件开发岗位需要精通 C 语言,具备扎实的软件编码和测试基础,同时需要熟悉软件工程,对嵌入式、Linux 操作系统和数据结构有充分的了解。另外,良好的英语能力也是一大加分项。如果遇到自己不懂的问题,切记不能不懂装懂,最好是有思考地向接近的方向回答,并保持谦逊的态度。所以同学们需要根据目标公司和岗位需求,提早做好相关专业的知识储备。当然,求职并非全是一帆风顺,碰壁乃是常事,对待挫折要具备良好的心态。

希望每一位同学都能放宽自己的就业眼界,找到适合自己的就业岗位,在祖国大好的万里河山上发光发热!

潜心科研,矢志报国

环境与化学工程学院2022届博士毕业生　丁岩汀

毕业去向：生物芯片上海国家工程研究中心

一、成长经历

2017年,我进入上海大学攻读硕士学位,2019年转博攻读博士学位。五年间共获得学业一等奖学金2次、二等奖学金2次、三等奖学金1次,博士期间担任环化学院2019级博士班班长,2021年获评上海大学优秀学生。在博士研究生学习期间成绩优良,参与科技部科技支撑计划、"十三五"国家重点研发项目、国家自然科学基金项目和上海地方高水平大学创新研究团队等。共发表SCI论文6篇,其中作为第一作者发表中科院二区论文3篇,以第一申请人申请专利1项。

五年的研究生生涯让我从刚毕业的懵懂小白,一点一点进步成长到可以独立完成项目。这五年,我认为最重要的是我的导师陈沁教授的耐心指导,无论是学术上的问题,还是生活上的问题,陈老师一直扮演着亦师亦友的角色,即使面对很容易犯错的我,也依然十分有耐心。感触最深的就是她和我说过的,虽然研究生是做学术,但更重要的是做人。在为人处事的原则方面,我深受陈老师的感染。陈老师最出色的人格魅力就是她的正直。也正是因为她的态度和人格方面的多重魅力,影响了我对自己学习工作的态度,影响了我的做事风格。我觉得自己以后无论是在工作还是生活上,也会遵循原则,做一个对社会有用的人才。在这里我再次向我的老师表达最真挚的感谢以及最崇高的敬意。我从研究生入学一直到博士毕业,老师给我带来的帮助是难以用语言说明的。当然,在学术方面严谨的态度以及遇到问题时坚持理性分析,也是受到陈老师的影响。

二、方向选择

在收到几家公司的 offer 时,我感觉有些难选,就跑去老师办公室跟她描述了一下困扰我的问题以及当前的选择,最后也是因为老师的分析和帮助,下定决心签约了现在的公司。因为我本身是做药理药效的,所以找的所有的工作都是与之相关的,我在找工作以前就已经认定了不会转行从事其他行业或做行政工作。因为我认为生物学的发展和人类未来息息相关,各国都很重视,尤其是西方发达国家。虽然我国生物产业在国民经济中所占比重还不是很大,但近几年来增长很快,发展势头很猛。生物行业从 20 世纪末已开始预热,21 世纪初火热的程度可能不及其他热门专业,但它必将以令人惊讶的速度火热起来。由于生物学在我国开展较晚,起步较慢,各种设备与发达国家相比还很不完善,相关生物公司主要集中在沿海地区。因此,生物学相对其他学科就业前景并不太乐观。疫情给各行各业造成了巨大的影响,而上海生物芯片有限公司具有的强烈的社会责任心,让我大受震撼。疫情期间该公司严格按照党中央和上海市委市政府的有关部署要求,动员一切可以动员的力量,积极主动加强防疫防控,落实好复工前、复工后各项防控措施,全力打赢疫情防控阻击战,切实扛起疫情防控的责任,做到守土有责、守土尽责,确保园区安全稳定,维护社会稳定。这也是为什么这家公司和我的专业相关度并没有其他几个公司那么契合,但我依然选择了它。在进入该公司以后我也会做到熟悉公司产品、了解公司文化及相关规章制度,做个合格的员工。我会阅读相关书籍,多向老员工学习,热情对待工作、同事并赢取信任;积极参加公司的各种活动,乐于为同事服务,把公司当成自己的家;把自己的成果建立在大家一起努力的基础上,乐于与他人分享快乐。

三、经验分享

从迷茫到变得自信需要过程。但是要相信,坚持下去,每天进步一点点,总会学习进去、深入进去。我觉得最有效的方法是和身边的人交流,这样至少不会走弯路,也能最大限度地节省时间;可以记录下自己的学习,比如每天记下学习笔记、实验细节,后期发现学到的每一个小点都连成片时,那种满足感是难以言说的;自信是特别特别重要的,周期性的迷茫是不可避免的,但把心态调整好,快速回到正常状态才是最重要的。一定要和自己的导师多交流,导师是研究生生涯的领路人,生活上和科研上的一些问题多和导师交流,自己也可以在交流的过程中找到解决问题的方法。

让视野更宽广,与祖国同脉动

理学院 2022 届博士毕业生　陈琛

毕业去向:上海华力集成电路制造有限公司

一、成长经历

不知不觉间,我已在上海大学度过了六年的难忘时光。2016 年,经过一年的积极备考,我以硕士研究生入学统考第一名的成绩考入理学院物理系,并获得了当年的学业一等奖学金。在研究学习中,我多次参加国内外学术会议,并于 2017 年荣获国际晶体学联合会青年科学家奖。就读期间,我对科学研究产生了浓厚的兴趣,因此,硕士二年级时就积极申请上海大学的硕博连读项目。2018 年,我成为一名博士研究生,并获得了当年的学业一等奖学金。上海大学是一所开放的学校,注重学生的多元化发展,课余时间我还参与了科普漫画《玩转量子世界》的编剧工作。2019 年,该漫画入选中宣部"原动力"中国高校动漫出版孵化计划。经过六年的研究学习,2022 年 6 月我顺利通过博士学位论文答辩,并获得上海大学优秀毕业生荣誉称号。

回想硕博连读的六年时光,充满了难忘的记忆。第一次见到导师任伟教授是在 2016 年研究生复试那天,任老师给我留下了深刻的印象。他年轻儒雅、学识渊博、平易近人、待人友善,不仅在研究学习中教会了我很多知识,还在人生道路中给了我很多指引和建议。任老师对待科研的态度非常认真负责,会仔细对待我们在科研中遇到的各种难题,在工作与学习中为我们领航,使我们不至于迷失方向。任老师严谨的科研态度和对事业孜孜不倦的追求将激励和影响我的一生,他对我的教诲和关心更是会让我永远铭记。任老师还经常鼓励我们出去看看,他认为年轻人就要多出去看看世界的宽广,然后才能更好地规划自己的人生道路。在我的研究生生涯中,任老师三次送我出去交流学习,第一次是去美国洛杉矶参加美国物理学会三月会议,第二次是去香港大学进行为期四个月的访问研究,第三次是去德国马普学会弗里茨哈伯研究所进行为期两年的联合培养。我非常感谢任老师提供的宝贵机会。

2018年4月,我到香港大学王健教授课题组访问学习四个月。在香港大学的学习中,我将机器学习与物理学科相结合,进行以交叉学科的方式搜寻高性能新型半导体材料的课题研究。在香港大学的交流学习,不仅锻炼了我整合信息的能力,还提升了我的统筹分析和沟通交流能力。2019年11月,在国家留学基金委的资助下,我来到德国马普学会弗里茨哈伯研究所,开始了为期两年的联合培养博士生涯。由于疫情,我在德国有过一段时间的居家办公经历,在这段艰难的时间里,合作导师Matthias Scheffler院士每周都会与我进行视频会议,让我的研究工作能够顺利进行。在德国的两年联合培养经历中,我成长了很多,不仅开阔了研究视野,还提升了团队合作能力。

二、方向选择

2021年10月,我结束为期两年的德国访学生涯,回到母校准备博士毕业事宜。在毕业季,找工作是应届生们永恒的话题,当时我对自己的未来还是比较迷茫的。摆在我面前的有两条路,一条是做本专业的博士后,未来我大概率会留在高校从事科学研究工作;另一条是在企业里找工作,离开校园,在相对陌生的职场中奋斗拼搏。新的风景,新的挑战,经过慎重的思考,我决定离开自己的舒适圈,开始一段新的人生旅程。于是,我开始了到处参加宣讲会、投简历、去面试的日子。一开始我也没想好自己应该往什么领域发展,不知道自己未来应该从事什么行业,参加的宣讲会也是五花八门的,涉及各行各业,例如汽车制造、银行以及半导体等。

我第一次接触集成电路是在2021年的12月份,在我招待发小的时候,我们聊到了毕业找工作的话题。他是一名数字电路设计工程师,当知道我在找工作的时候,极力地向我推荐了集成电路行业。我的导师任伟教授也认为这是充满希望的朝阳产业,支持我投身关乎国家命脉的集成电路行业。芯片是基于数学、物理、化学、机械、信息和计算机等基础学科的多学科交叉融合的产物,内容覆盖广。中国在半导体领域起步较晚,所以在整个集成电路行业的发展较西方国家有较大的差距,芯片严重依赖进口。芯片制造工艺可谓国产芯片的瓶颈,为了打破芯片技术的学科壁垒,突破芯片制造的关键技术,国家急需培养相关高端人才。因此,在朋友和导师的建议下,经过慎重的考虑,我决定投身集成电路行业,为国产芯片的发展贡献自己的一份力量,把自己未来的人生发展与国家重点关注的芯片行业联系到一起,与国家科技的发展同呼吸、共命运。

经过充分的调研和准备,历经了几轮笔试和面试,我顺利拿到了上海华力集成电路制造有限公司的offer,岗位是模拟电路设计工程师。上海华力起步于2010年,隶属于华虹集团。华力总部位于上海张江科学城,并在美国、日本等地设有办事处,为全球客户提供芯片销售服务与技术支持。

三、经验分享

第一,确定自己的择业方向。最好是要考虑到自己的兴趣与爱好,或者找一个比较有发展潜力的行业。

第二,在面试之前做好充分的准备。可以查找一下所面试公司的基本资料,准备一下所选择领域的基本知识点,还可以和自己的同学做一些模拟面试。

第三,面试时要开朗大方,多多展示个人能力,给面试官留下一个好印象。

希望各位面临毕业的师弟师妹们都能够找到一份满意的工作。感谢上海大学理学院在找工作的过程中给我提供的平台,也感谢我的导师任伟教授给我提供的各种建议和帮助。

从科研萌芽到实践研发

生命科学学院 2022 届本科毕业生　方欢

毕业去向：中生复诺健生物科技有限公司

一、成长经历

学生工作方面，2018 年 9 月，加入品读上大园社团新媒体部门，之后担任新媒体部门负责人的工作，主要负责推文的编辑撰写、排版、修改、推送等。同时为参观上海大学的人员进行校园建筑、历史以及景物的讲解。2019 年 9 月，加入上海大学生命科学学院学生会维权服务中心部，成为一名干事，负责推文撰写及排版、海报设计等，同时负责年级考试资料整理、汇总，积极参与学院中秋晚会、双旦晚会、东区之夜等活动，表现出色。

科学研究方面，从大三开始便积极加入院里曹亚老师实验室的研究方向。2021 年 5 月，以组员身份参加"基于单原子纳米酶检测细胞内过氧化氢浓度"项目，其间参与展板的制作并进行最后的答辩展示，项目最终获得上海大学生命科学学院第十一届大学生创新论坛三等奖。2021 年 6 月，以组员身份参加"一种脂多糖的荧光分析传感器的设计"项目，其间参与展板制作、申报材料的修改、答辩 PPT 的制作等，该项目最终获得上海大学第十三届"自强杯"大学生课外学术科技作品竞赛校级三等奖。

2021 年 8 月，以组员身份参加"细胞外泌体膜同型靶向融合及其分析应用研究"项目，该项目参加了第五届全国大学生生命科学竞赛。在这个项目中，我全程参与实验过程，撰写实验综述、实验设计和结项论文,并作为代表进行最后的答辩环节,项目最终获得上海市二等奖。在参与竞赛项目的过程中,我认识到做学术研究首先态度要端正、严谨,不可以有一丝一毫的投机取巧;同时,这也增强了我的信息检索能力和文章写作能力。之后凭借上述一些创新竞赛,2022年5月,我获得生命科学学院"育成创新奖学金"。

二、方向选择

在大学期间对我职业规划影响比较大的,主要还是实验室经历和科研经历。

我是在上生化仪器实验课的时候,发现曹老师是一个非常细致、有耐心且严谨的老师。当时的我和朋友打算加入实验室进行学习,在了解了曹老师所在的实验室的具体研究内容以及科研风气之后,我们希望能够跟随曹老师进一步学习。于是就在某次课后找到曹老师聊关于进实验室的想法,曹老师告诉了我们实验室的具体研究方向,很慎重地说他很欢迎我们到实验室学习。

之后很快就到了第五届全国大学生生命科学竞赛,老师询问了我们的想法之后,希望我们能参加比赛,去试一试。我当时觉得好像还什么都没学到,有点不自信,但是老师只是让我们放手去做。于是我们利用平常空闲时间以及周末去跟师姐们学习培养细胞、离心以及一些仪器的操作。在这期间,真的非常感谢师姐们温柔耐心的教导。有时候我们都觉得自己好麻烦,问题太多了,但是师姐们都尽力给我们解答。

真正动手做实验是在暑假,我和朋友都选择不回家,留在实验室里做实验。因为平时要汇报进度,所以我们每周会开一个小小的组会跟老师汇报进度。每次去组会之前,我们都会绞尽脑汁准备一些相关问题,希望能让老师感觉到我们的用心。在得到老师通俗易懂的解答后,又刺激我们进一步去挖掘更多问题。于是整个暑假,我们过得非常充实,每天规划好第二天的实验安排,总结当天实验的成功和失败,把不懂的或者失败的地方拿去和师姐讨论。我们真正地感受到了做科研的魅力,去发现一个又一个问题,然后尽力去解决它。最后项目顺利完成答辩,取得了不错的成绩。

在真正参与到科研之后,我就觉得做科研真的很有意义。无论是探索基础的一些学术理论,还是研究一些可以实际运用的生物传感器,都能够为国家、为社会贡献自己的一份力量。特别是在大三、大四期间,因为受到疫情的影响,国家、社会、学校都付出了很多来维护来之不易的稳定。而能应对这种具有大规模传染性的病毒的,除了物理上通过隔离来阻止传播之外,只有依靠科学研究去研究清楚它的致病机理和抑制方法来消灭它。而我所学的专业正好可以让我运用自己的所学去发挥作用,所以在选择职业的时候,我主要找研发方面的工作。我选择的公司主要是在开发引进新一代溶瘤病毒、载体疫苗、抗体及个性化精准诊断与治疗系列的产品,这与我的求职意向不谋而合。我希望在之后的工作中可以慢慢进步,从做一些基础的研发检测岗位逐渐晋升到能够自己选择带队去研发一些重要的项目,在这个过程中能提升自己的专业能力和综合能力。

我其实原计划是打算读研,进一步进行学术深造的,为此我也准备了 2021 年的考研,目标院校是中国科学院。但是由于各种原因,包括参加竞赛、做实验,还有本身专业课的学习任务导致我真正考试复习考研的时间只有三个月。考研结果虽然过了国家线,但是没有达到我填报的院校的分数线,而且成绩也不高。所以我在调剂的时间段是非常纠结的,有犹豫是选择一个不知名的学校进行研究生学习还是直接去找工作。在纠结的过程中,其实我内心是比较早便有了决断。因为我希望读研的学校在科研实力上是比较强的,所以我还是选择放弃调剂,先去找工作,等以后看情况考虑要不要准备考研。

三、经验分享

第一,在信息来源方面,一方面是看学校和辅导员发的一些招聘信息,另一方面是在一些求职软件上搜索比较匹配自己求职需求的工作。之后就是准备好接受电话面试或者线上面试。

第二,在面试环节,要自信大方地展示自己的经历和能力,除了准备一些 HR 会问的问题之外,也要问清楚一些自己想要了解的关于这家公司的问题。这样可以帮助自己更好地判断公司的可靠性。

第三,在公司选择方面,主要还是根据自己的兴趣爱好和能力方面的匹配度来进行选择。

希望大家都能找到理想的工作。

早提前体验,多尝试探索

通信与信息工程学院 2022 届硕士毕业生　罗艺

毕业去向:公安部第三研究所

一、成长经历

我是一个乐观积极、多才多艺的女生。本科期间,我就读于上海大学通信学院,并以优异的成绩直升本校硕士研究生。读研期间,我的专业是信号与信息处理,在多媒体信息安全实验室专心学习,潜心科研工作。通过自己的不懈努力,完成了两篇 SCI 的投递,其中一篇已被 *IEEE Signal Processing Letters* 录取。2019—2020 学年,我的课程平均成绩为 89.08 分,获得了学业二等奖学金,并获得上海大学优秀学生称号。2020—2021 学年,由于论文已发表,获得了学业一等奖学金,并获得上海大学优秀学生称号。作为通信学院第四党支部的纪检委员,我主要负责党支部纪律上的管理,党支部工作记录本的记录等任务,并积极协助党支部书记开展支委会、组织生活会,参与并组织科技馆志愿服务和参观四行仓库等活动。由于作为纪检委员的我在支部中起到了良好的带头作用,因此被评为 2020—2021 年度上海大学研究生优秀党员先锋。之后在优秀毕业生的选拔中,成功获评上海市优秀毕业生。

读研期间,我有幸遇到了负责且优秀的老师,在他们孜孜不倦的指导下,我得以顺利完成科研工作。我还遇到了一群志同道合的同学,是他们在我身旁鼓励我,与我共同成长、共同进步。在学生生涯的最后几个月里,我们在疫情和封控中度过,这几个月同样是我人生中最难忘的经历。在不能去实验室的日子里,我和同门以及室友互相鼓励、互帮互助,努力克服学业上的一系列困难。正是这几个月疫情的残酷与无情,更让我体会到了人情的温暖:校园里的志愿者同学们不惧病毒不怕辛苦,穿上防护服便去往校园里需要他们的地方;保安大叔保洁阿姨,长期不能回家和家里人团聚,一心扑在工作岗位上,才换来了我们校园的安宁与祥和。哪有什么岁月静好,不过是有人替你负重前行。作为寝室厅长的我,与医护人员相比,能做的太微不足道,但在疫情期间,我也扛起了自己肩上的责任,每日按时收发抗原,发放物资,提醒大家做核酸、填写每日一报等。

二、方向选择

在就业这方面,通信工程学院的学生选择工作的范围较广,但这也给我增添了不少烦恼:究竟该选择怎样的工作?选择什么性质的工作单位?在研二期间,我依旧没有一个明确的目标和方向,因此我随大流,和身边的同学们一起投递简历,找了一家互联网大厂进行了为期三个月的暑期实习,岗位是测试开发工程师。在这份实习工作中,我成长了很多,也逐步认清了自己,我并不想选择软件测试作为自己日后的职业。之后,我也听取了父母以及其他长辈的建议,短期的高薪资并不能作为一个长期的目标,不能只图眼前利益,而要把目光放长远,要清楚自己的人生规划以及人生目标,选择自己擅长并喜爱的工作,努力实现自己的价值。暑期实习结束后,我着手准备秋招,在拿到实习公司阿里巴巴的正式 offer 之后并没有止步于此沾沾自喜,而是投递了很多不同类型的公司,包括外企、国企等,又获得了几家国有银行以及专业对口的外企 offer。手上的选择多了之后,我还是比较犹豫,而犹豫的原因并非是要从这几个公司中选择哪个,而是这几家公司仿佛都不是我的最佳选择。

之后,我开始与大我一届的师兄师姐进行交流,师兄师姐也很乐意解答我的一些困惑。在交流的过程中,我得知一位师姐在公安部第三研究所工作,听了她的介绍之后我突然心生向往,觉得这就是自己想要的工作。经历了简历投递、笔试面试等一系列流程,我成功拿到了心仪的 offer,并选择入职公安部第三研究所。我之所以选择公安三所,是因为我从小敬佩人民警察,成为警察可以为国家、为人民贡献一份自己的力量。除此之外,公安三所的研究方向同样也与媒体安全相关,我能够继续在科研工作上发光发热,充分发挥个人价值。

三、经验分享

第一,有机会多去实习。听别人说再多的道理不如自己亲身经历、亲身感受。可以充分利用寒暑假时间,多去自己感兴趣的公司实习,提前体验职场工作,这样不仅能有利于自己的职业生涯规划,还能丰富阅历,迅速成长。

第二,多听父母长辈的建议。长辈们的经历比我们丰富很多,有些话可能我们现在听着觉得老生常谈,但一些合理的建议我们应当理性思考,认真采纳。

第三,多和师兄师姐沟通。师兄师姐经历过我们正在经历或将要经历的一切,也曾有过我们正在面临的困惑和疑虑,多与他们交流,更有利于自己做出正确的选择。

第四,抓住一切机遇,敢于尝试。找工作是一个长期的过程,很难一蹴而就,要经过充分的准备,不断地尝试和探索,才能做出不让自己后悔的选择。

热爱漫无边际,尝试出现惊奇

悉尼工商学院2022届硕士毕业生　柴玉平

毕业去向：中信证券股份有限公司

一、成长经历

我本科就读于上海大学悉尼工商学院国际经济与贸易专业,在研究生期间曾担任2019级区域经济学专业的班长、2019级学硕班的团支书、第三届新媒体部干事。

本科生阶段所获荣誉奖项主要有：2015—2016年度,"悉商杯"国贸大赛校级二等奖、上海大学单项奖;2017—2018年度,上海大学自强不息奖学金、悉尼工商学院"自强之星"、上海大学优秀学生、国家励志奖学金;2018—2019年度,上海大学特等奖学金(TOP5)、国家励志奖学金、上海市优秀项目奖(团队)、第五届全国艺术展演一等奖(团队)、上海市优秀毕业生(本科)、上海大学优秀学生。研究生阶段所获荣誉奖项主要有：上海大学优秀毕业生、上海大学悉尼工商学院格致奖学金、国家奖学金(1%)、第六届东方财富杯金融精英挑战赛全国三等奖、上海大学优秀学生、上海大学班团骨干"优秀个人"、上海大学"我心中的好导师"征文校级二等奖。

在读期间,我平均成绩为88.58分,专业排名第一;在科研方面,我发表SCI论文1篇,另有EI会议论文1篇收录于第十五届(2020)中国管理学年会论文集;学习之余,我也积极备考各类专业相关证书,已经通过CFA(注册金融分析师)二级考试,正在备考三级,希望能够通过不断积累经验提升自己的学习能力与实践能力。

七年磨砺，自我成长。作为在悉尼工商学院学习了七年的学生，我备感骄傲。七年时光里，我感受到了母校的美好与温暖，母校见证了我的成长与蜕变。从农村考到上海，从大一离家的不太适应，到大二逐渐找到自己的定位，大三尝试参加各种活动与比赛，大四争取保研；研一专注于科研积极发表论文，研二不断实习积累经验，研三确定工作顺利毕业——这一路的探索并不容易，也真的特别感谢上海大学悉尼工商学院近七年的悉心栽培。"上大人"的身份让我收获了太多，一直给予支持和鼓励的导师，浓厚的学术氛围，学识渊博的专业课老师，循序善诱的辅导员老师，科研能力优秀的同门，互相鼓励的同学，考证实习一起打卡的室友，你们带给了我太多的温暖和引导。17岁到24岁七年的时光让我不断蜕变成自己喜欢的模样，去丰富自己的各项技能，去充实自己的学习生活，找到适合自己职业发展的路线。

不忘初心，牢记使命。作为2019级学硕班的团支书，我带领44位同学共同走过研究生的团员生活，并在2019年冬季学期成功发展一名同学入团；策划了三个学期的团日活动（校内校外结合，线上线下结合），在活动中感染每一位同学成为更加合格的团员。作为一名新媒体干事，我也善于将自身所长用到团支书的任务中，认真负责每次学硕班的团日活动推文，无论是照片拍摄、文稿撰写还是文案排版，都希望做到更精致更完善。2019年参加以"不忘初心担使命 研途撷英共奋进"为主题的上海大学研究生新任班团学生骨干培训，个人获得最优学员称号，小组获得最优团队称号。我尽力在各个方面起到模范作用，真正做一名思想先进、热爱创新的优秀共青团员。此外，在研究生期间，我也实现了从共青团员到共产党员的蜕变。

二、方向选择

我的签约单位是中信证券股份有限公司，它是中国证监会核准的第一批综合类证券公司之一,也是国内首家资产规模破万亿元的证券公司。作为行业龙头公司,各项业务广度及深度均处于行业绝对领先地位。

从公司的历史沿革和发展脉络上可以看出,中信集团成立伊始就肩负着"改革开放的窗口"的职能。而作为集团整体布局核心的中信证券,其企业愿景与母体保持着高度一致,即成为综合优势明显、若干领域领先、具有核心竞争力的国际一流大型金融集团。在企业愿景的基础上,中信证券提出了自己的使命:为客户提供最好服务;为员工搭建施展才能的平台;为股东创造最大价值;为国家作出最大贡献。

公司的价值取向与我的追求高度一致,所以我选择中信证券作为职业发展的起点,我也非常有幸能被中信证券选中。

三、经验分享

第一,从我自己的经历出发,研究生期间曾在不同的证券公司实习,包括研究部、投行、财富管理岗位,不同岗位的工作氛围和对人员的要求或多或少都有差异,有的需要你有足够强的研究能力,有的需要你有一定的财务基础和社交沟通能力,但无论是哪个岗位都很值得去尝试,能够从公司、前辈、同事、客户身上学习到诸多知识,对于金融市场会有更多真实的理解以及自己的思考。这些是我们在书本上没有办法学习到的,同时也是之后求职和就业过程中需要具备的。

第二,从求职的角度出发,在开始参与实习的时候我也时常和学姐学长保持沟通,他们给我的很多建议也让我对秋招、春招有了更深的了解。其一,在求职过程中,在可行的情况下多去寻找实习机会,一方面无论是一级还是二级市场,券商校招得比较少,很多岗位都给了内部实习生;另一方面,在应聘过程中企业也会比较关注之前是否有相关的实习经历。其二,对于经济金融相关专业的同学,建议可以早点考取相关的证书，比如证券从业资格证、基金从业资格证和银行从业资格证等，这些也是比较基础的准备工作。其三，多去思考，思考自己喜欢什么、适合什么、缺乏什么、需要什么，这种思考有利于你确定职业方向；多去尝试，在尝试的过程中你会逐渐验证自己的选择、兴趣，逐渐确定真正适合你的岗位、工作内容；多去复盘，日常学习实习过程中形成定期复盘的习惯，才能不断地提升自己，在秋招春招的笔试面试过程中，多去想想自己哪里还比较欠缺、自我介绍需要怎么调整、面试中不够好的回答等。相信只要做好准备，机会随时都有。

撰写这篇文章的时间刚好是 6 月 1 日儿童节，我想说，如果长大和成熟是人生的必修课，那愿每一位同学永远拥有闪闪发亮的童心和梦想。

附录1 2021年上海大学毕业生就业"攀登奖"获奖名单

序号	学　院	姓　名	学　历
1	材料基因组工程研究院	吴祺瑞	硕士
2	材料科学与工程学院	丁浩冉	本科
3	材料科学与工程学院	何　琛	本科
4	材料科学与工程学院	陈雅萱	硕士
5	材料科学与工程学院	程功林	硕士
6	材料科学与工程学院	阮家苗	硕士
7	材料科学与工程学院	宋泽君	硕士
8	材料科学与工程学院	汪　犁	硕士
9	材料科学与工程学院	王　月	硕士
10	材料科学与工程学院	徐　洋	硕士
11	法学院	王　泰	本科
12	法学院	谢　进	本科
13	法学院	刘荣昌	硕士
14	法学院	周宇心	硕士
15	管理学院	杨　鹏	本科
16	管理学院	陈吉斌	硕士
17	管理学院	黄　川	硕士
18	管理学院	闻　雯	硕士
19	管理学院	邬志坤	硕士

续　表

序号	学　　院	姓　名	学历
20	管理学院	姚欣雨	硕士
21	管理学院	张　辉	硕士
22	管理学院	朱文辉	硕士
23	国际教育学院	柳　杰	硕士
24	环境与化学工程学院	冯泽学	本科
25	环境与化学工程学院	牟　雷	本科
26	环境与化学工程学院	张亚宁	本科
27	环境与化学工程学院	唐苏雯	硕士
28	环境与化学工程学院	徐萌琦	硕士
29	环境与化学工程学院	朱　峰	硕士
30	机电工程与自动化学院	陈文兵	本科
31	机电工程与自动化学院	刘庆兰	本科
32	机电工程与自动化学院	祁绪丰	本科
33	机电工程与自动化学院	孙文鑫	本科
34	机电工程与自动化学院	谭振阳	本科
35	机电工程与自动化学院	吴凯丽	本科
36	机电工程与自动化学院	姚家明	本科
37	机电工程与自动化学院	张瑜娟	本科
38	机电工程与自动化学院	陈增昊	硕士
39	机电工程与自动化学院	封博文	硕士
40	机电工程与自动化学院	黄佳琦	硕士
41	机电工程与自动化学院	彭　浩	硕士
42	机电工程与自动化学院	杨洪鑫	硕士

附录1 2021年上海大学毕业生就业"攀登奖"获奖名单

续 表

序号	学 院	姓 名	学 历
43	机电工程与自动化学院	岳腾飞	硕士
44	计算机工程与科学学院	何煜铭	本科
45	计算机工程与科学学院	刘 健	本科
46	计算机工程与科学学院	苗俊杰	本科
47	计算机工程与科学学院	张光煜	本科
48	计算机工程与科学学院	谢 苗	硕士
49	经济学院	冯 艳	硕士
50	经济学院	李孜旭	硕士
51	经济学院	刘彦杉	硕士
52	经济学院	杨博宇	硕士
53	经济学院	邹西文	硕士
54	理学院	陈 悦	本科
55	理学院	苏 帅	本科
56	理学院	何书法	硕士
57	理学院	王伟祥	硕士
58	力学与工程科学学院	徐 嘉	本科
59	力学与工程科学学院	蔡先钟	硕士
60	力学与工程科学学院	郑国栋	硕士
61	力学与工程科学学院	宗振邦	硕士
62	马克思主义学院	洪致远	硕士
63	钱伟长学院	林 莹	本科
64	上海电影学院	华旻磊	硕士
65	上海电影学院	尹崇远	硕士

续 表

序号	学　院	姓　名	学　历
66	上海美术学院	郭瑞琳	硕士
67	上海美术学院	黄　涛	硕士
68	上海美术学院	蒋筱涵	硕士
69	上海美术学院	王子薇	硕士
70	上海研究院	林金克	硕士
71	社会学院	丁宇露	硕士
72	社会学院	明　星	硕士
73	生命科学学院	陆家肖	本科
74	生命科学学院	沙琦麟	本科
75	生命科学学院	徐陈睿	本科
76	生命科学学院	赵燕玲	本科
77	生命科学学院	李　敏	硕士
78	体育学院	严曹唯钰	本科
79	通信与信息工程学院	李林峰	本科
80	通信与信息工程学院	覃柱兰	本科
81	通信与信息工程学院	张　龙	本科
82	通信与信息工程学院	蔡贤姬	硕士
83	通信与信息工程学院	李　茂	硕士
84	通信与信息工程学院	李翔宇	硕士
85	通信与信息工程学院	任宗泽	硕士
86	通信与信息工程学院	汪　蓉	硕士
87	图书情报档案系	龙小红	本科
88	图书情报档案系	伏春鹏	硕士

附录1 2021年上海大学毕业生就业"攀登奖"获奖名单

续　表

序号	学　院	姓　名	学　历
89	外国语学院	朱运程	硕士
90	文学院	李凌帆	本科
91	文学院	李　宁	博士
92	悉尼工商学院	陈吉旺	本科
93	悉尼工商学院	罗　芮	硕士
94	悉尼工商学院	于浩波	硕士
95	悉尼工商学院	张钰婷	硕士
96	新闻传播学院	刘晓雅	本科
97	新闻传播学院	李立阳	硕士
98	新闻传播学院	李文君	硕士
99	音乐学院	王晨璐	本科
100	中欧工程技术学院	陈妍泽	本科
101	中欧工程技术学院	刘　栩	本科

附录2 2022年上海大学毕业生就业"攀登奖"获奖名单

序号	学　　院	姓　　名	学　历
1	材料基因组工程研究院	元　皓	硕士
2	材料科学与工程学院	范　铭	本科
3	材料科学与工程学院	蒙燕芳	本科
4	材料科学与工程学院	王　恬	本科
5	材料科学与工程学院	肖　峰	本科
6	材料科学与工程学院	别佳瑛	硕士
7	材料科学与工程学院	蔡锦钊	硕士
8	材料科学与工程学院	陈佳钡	硕士
9	材料科学与工程学院	伏文辉	硕士
10	材料科学与工程学院	聂伟业	硕士
11	材料科学与工程学院	王睿谦	硕士
12	法学院	古丽茹合沙·布拉提	本科
13	法学院	袁小雅	本科
14	法学院	黄婷婷	硕士
15	法学院	庄笑笑	硕士
16	管理学院	沈怡凤	本科
17	管理学院	唐一航	本科
18	管理学院	赵晔斐	本科
19	管理学院	方梦园	硕士

附录2 2022年上海大学毕业生就业"攀登奖"获奖名单

续 表

序号	学 院	姓 名	学 历
20	管理学院	冯秀林	硕士
21	管理学院	马雪薇	硕士
22	管理学院	王铭潞	硕士
23	管理学院	王全丽	硕士
24	管理学院	熊 芳	硕士
25	国际教育学院	刘晓晴	硕士
26	环境与化学工程学院	杜劲波	本科
27	环境与化学工程学院	姜 涵	本科
28	环境与化学工程学院	丁岩汀	博士
29	环境与化学工程学院	李思阳	硕士
30	环境与化学工程学院	潘嘉丽	硕士
31	机电工程与自动化学院	黄贵学	本科
32	机电工程与自动化学院	李 解	本科
33	机电工程与自动化学院	李彦泓	本科
34	机电工程与自动化学院	潘翔宇	本科
35	机电工程与自动化学院	沈汤泽	本科
36	机电工程与自动化学院	王状状	本科
37	机电工程与自动化学院	黄奕宁	博士
38	机电工程与自动化学院	张 璨	博士
39	机电工程与自动化学院	曹志鹏	硕士
40	机电工程与自动化学院	李富迪	硕士
41	机电工程与自动化学院	邢宇轩	硕士
42	机电工程与自动化学院	徐挺越	硕士

续表

序号	学　院	姓　名	学　历
43	机电工程与自动化学院	张　迪	硕士
44	机电工程与自动化学院	张天媛	硕士
45	机电工程与自动化学院	邹文辉	硕士
46	计算机工程与科学学院	莫伟程	本科
47	经济学院	乌兰·叶尔肯	本科
48	经济学院	韩秉汝	硕士
49	经济学院	李思乐	硕士
50	经济学院	李文琪	硕士
51	经济学院	郑　丽	硕士
52	理学院	李天昊	本科
53	理学院	骆佳扬	本科
54	理学院	夏欣源	本科
55	理学院	尹嘉璇	本科
56	理学院	张雨莹	本科
57	理学院	陈　琛	博士
58	理学院	康钊铭	硕士
59	理学院	兰自轩	硕士
60	理学院	刘玉栋	硕士
61	理学院	郑小强	硕士
62	力学与工程科学学院	郭鑫倩	硕士
63	力学与工程科学学院	康嘉志	硕士
64	力学与工程科学学院	李　航	硕士
65	力学与工程科学学院	邵志华	硕士

附录2 2022年上海大学毕业生就业"攀登奖"获奖名单

续 表

序号	学　　院	姓　　名	学　历
66	马克思主义学院	徐高阳	硕士
67	钱伟长学院	张晓珂	本科
68	上海电影学院	孔超群	本科
69	上海电影学院	孙思胜	本科
70	上海电影学院	周志鹏	硕士
71	上海美术学院	陈祥睿	本科
72	上海美术学院	顾佳瑜	本科
73	上海美术学院	冯　鑫	硕士
74	上海美术学院	李梦竹	硕士
75	上海美术学院	李文鑫	硕士
76	社会学院	努尔比耶·如孜	本科
77	社会学院	陶　可	本科
78	社会学院	姜栋梁	硕士
79	社会学院	张祖耀	硕士
80	生命科学学院	方　欢	本科
81	生命科学学院	聂宇翔	本科
82	生命科学学院	高江虹	硕士
83	通信与信息工程学院	陈　泽	本科
84	通信与信息工程学院	范宝成	本科
85	通信与信息工程学院	郭长旭	本科
86	通信与信息工程学院	鄢跃军	本科
87	通信与信息工程学院	陈　松	硕士
88	通信与信息工程学院	刘　琰	硕士

续表

序号	学　　院	姓　名	学　历
89	通信与信息工程学院	罗　艺	硕士
90	通信与信息工程学院	施文明	硕士
91	通信与信息工程学院	尹　涵	硕士
92	外国语学院	陈月缘	硕士
93	外国语学院	林　娜	硕士
94	文化遗产与信息管理学院	李　娜	本科
95	文化遗产与信息管理学院	田　蕊	本科
96	文化遗产与信息管理学院	张　盼	硕士
97	文学院	岳　丽	博士
98	文学院	高锦文	硕士
99	文学院	李明明	硕士
100	悉尼工商学院	甘雨晨	本科
101	悉尼工商学院	涂珈瑜	本科
102	悉尼工商学院	周之航	本科
103	悉尼工商学院	柴玉平	硕士
104	悉尼工商学院	杨牧原	硕士
105	悉尼工商学院	张密密	硕士
106	新闻传播学院	吕月弈	本科
107	新闻传播学院	张　玮	硕士
108	音乐学院	罗浩源	本科
109	音乐学院	严雪宁	本科
110	中欧工程技术学院	宋柳蓉	本科